ちくま文庫

時代の反逆者たち

保阪正康

筑摩書房

目次

時代の反逆者たち

はじめに

人はなぜ「反逆」するのであろうか。大は国家の政体から、その政体を支える思想や理念に、小は自らを取り巻く周辺の人びとやその慣行にまで、反逆の行為の質やその表現形態はさまざまであっても、人は必ずや異議申し立てを行う。もとより今では多くの人びとが、そうした反逆は日常のひとつの衝突という現象と解しているし、そこに生命を賭しての戦いという時代ではなくなっている。あらゆる反逆が拒否されていて、そのような言動の片鱗すら許されないという社会ではないから、反逆の重みは薄れているともいえるが、しかし反逆という語が強烈な自己主張を伴った意味をもつことに変わりはない。

人はその人生で必ずや選択を迫られるときがある。その選択が人生そのものを決定しているとわかるのは、選択した道を歩いてみてその結果を理解したときである。むろん時間は不可逆性だから、もういちど選択の段階に戻って別な道を歩むということはできない。自省だろうが、後悔だろうが、あるいは充足だろうが、その感情はさまざまであるにしても、それを自らの運命と認める以外にない。

私たちはなぜ他人の自伝や評伝に関心をもつのだろう。いやなぜ歴史の先達のその人生に関心をもつのだろう。

それはその人生の選択に関心をもっているからだ。その選択がその人物の人生を決定したことに関心をもち、それを自らの範としたいからだ。「範としたい」というのが大仰であるなら、自らの選択の正確さを、あるいは誤謬を確認したいからである。思えば、私の世代などはその幼少期にあきれるほど多くの偉人伝を読まされたものだが、それはその「偉人」の選択の正しさを無意識のうちに自覚するよう迫られていたからだと、今になってわかってくる。

ニュートンやリンカーンや、そしてシュバイツァーの選択した道を範とせよとの教育だったのである。

私たちは、「人生の選択」という語をしばしば用いるが、この選択は大きく分けると恭順と反逆というふたつの道しかない。もっとわかりやすくいうなら、こちらの道を進むならそれほど他者との軋轢もなく、たぶん順調に進めるだろうというのが恭順の道である。この恭順の道にも選択肢は広がっていくのだが、基本的にはこの道はより安全性を伴っている。

これに反して、この道を歩めば間違いなく自らの身には危険が及ぶし、世間からは白眼視されるし、場合によっては命を喪うことになるであろうとの予測ができるのに、そちら側に進んでしまう人物がいる。私はこれを「反逆の道」といっているわけだが、この道を進む以外にないと決めていくその人物の思想、感情、そのうえに運命というべきものを歴史の中でつねに確認したいと考えてきた。憑かれたように「反逆の道」を進む先達の心情を理解することで、私たちは歴史が単に事象や事件の集積体ではなく人間の心理の綾が織りなす「人間の履歴書」のようなものではないかと考えるようになった。そのとき、自分という存在もその履歴書に加わっている一人だと自覚できるのである。

本書は江戸時代から昭和期までの十人の先達を選び、彼らはなぜ「反逆の道」を歩んだのか、その時代背景と彼ら十人の心情を解析してみようと試みたものである。この十人を選んだ理由は、私自身の目によっていて、このほかにもむろん「反逆の道」を歩んだ者は多いし、より劇的な人生の図を描いた者も多い。

しかしあえてこの十人に絞った理由は、ひとつに大半の人がその名を知っていることと、ふたつに彼らはどうあれ「日本人の履歴書」の中でより重要な一行を占めていること、の二点のためである。もし彼らが存在しなかったら、日本の歴史はまた違った色彩を帯びることになったとも考えられるからだ。さらにつけ加えるならば、彼らの心情は折り折りの日本人の心情を的確に代弁しているとも思えるからだ。彼らの背後に多くの日本人の顔が見えているからである。

石原莞爾の背後には、理念なき戦争観に不満や不安をもつ当時の日本人の姿が垣間見える。宮崎滔天の後ろには、隣国中国との友好や連携を願う人びとの思いが凝縮されている。出口王仁三郎は、方向性を見失って困惑する庶民や知識人の出口を求める感情になにがしかの刺激を与えた宗教家という見方ができるのだ。

田中正造は公害の被害に泣く人たちの涙を己れのものとした先駆者である。西郷隆盛は、日本が次の時代を形成していくときに通過していかなければならないハードルを、あえて自らつくりあげて捨て石の役を買ってでたのである。田代栄助は、ときに人は論理でなく、仁とか義、信念といった徳目で動くことを教えている。佐久間象山は、知性と識見によって歴史に刻印を捺したのだが、そのような役割をもつ人物が必要なことを私たちに教示している。

高野長英の軌跡は知識や教養が弾圧されたときにどれほど辛苦を受けるかの具体的

な例である。大塩平八郎からは、自らの信念を吐露できなくなったとき潔く組織をはなれ、貧民に身を捧げる官僚が歴史上に存在した重さが感じられる。そして大石内蔵助は、ある時代の倫理感を具現するために、どれほどのエネルギーを必要とするかを、それこそ「日本人の履歴書」に刻みこんだ。

十人を共通の言葉でくくるならば、「自己に忠実」であったがゆえに、「歴史に遺われた」という語ではなかったかと思う。歴史とはつねに独自の意思をもっていて、そのためにそれぞれの時代にもっともふさわしい「反逆者」を選びだすとさえ思えるのだが、彼らはそのときに呼びだされてしまったのだ。呼びだされても選択のときにその道を進まない者もいるのだろうが、彼らはその道をためらいもなく進んだ。そのことに私は敬意を表しつつ、それだけに彼らに強い関心をもって記述を進めたのである。

私は「反逆」という語を耳にすると、いつもある作家のある短編小説を思いだす。それは大正十二年八月に、武者小路実篤が自らも関わっている文芸誌『白樺』に書いている作品だが、ある国では「美しい山」を見て、「美しい」といってはいけないとの約束事ができ、それは「汚ない」といわなければならなくなったというストーリーである。「美しい」とか「すばらしい」、さらには「幸せだ」といった語はすべて否定され、その反対語を使わなければならない。そうした語は、それに比較する語に対して非礼だからというのである。

この国に迷いこんだある人物が、「あの山は高い」といったとして糾弾され、「あの人は美しい」と称えたといってなじられ、やがて全く反省がないとして、全員に取り囲まれて「死刑」を宣告されるのである。そのときになって、この人物は夢から醒めるというストーリーである（因みに、この作品は『小人国の夢』というタイトルである）。

武者小路はこの短編で何をいわんとしていたのか。年譜を見てもわかるが、日本では第一次世界大戦後の潮流として、共産主義思想が入ってきて知識人の間に影響力をもち始めた。共産党も結成されている。いうまでもなく、武者小路は共産主義を皮肉ったわけである。価値観が逆転した社会で、それについていけない人びとの存在することを説いたわけである。

しかし、この作品をもう少し長い目で見るなら、昭和初年代から十年代の日本の異常なまでに臣民意識の昂揚した期間を批判する予言的な作品ともなっている。武者小路の意図を超えて、この作品は教条的な規範で画一化された社会の恐ろしさを訴えていることになる。

「高い山」を見て、「高いといってはいけない」とか「美しい花」を愛でて「美しいといってはいけない」という時代は、十九世紀から二十世紀にかけての一部の国の絶対主義的君主制やファシズムを指している。そのなかで正直にその感想を述べれば、それは糾弾、批判、そのうえで死刑に処せられるのである。こういう時代にあって、自らの思想や理念、そしてその生き方を忠実に貫いた者、それが反逆者ではないかとこの作品を通じて私は考えてきた。

それゆえに、「反逆者」が存在することは、まだその社会が健全さを保とうとあえいでいる姿と考えていいように思う。私は本書に登場する十人をそのような目で見つめていたということをもういちど記しておきたいのである。それが彼ら「反逆者」を通して浮かびあがってくる私たちへの先達からの贈り物だとも考えている。そして私も次の世代の人びとにそういう贈り物を託していきたいと願っている。

江戸時代から明治維新へ、明治時代から大正時代、そして昭和時代、平成の時代へとつづく歴史のなかで、「反逆」という一人の人物のエネルギーがやがて大きな変革の波をつくりあげ、そして時代は変わっていった。

しかし、今、その新しいエネルギーが生まれているのか否か、エネルギーを生み出す人物はいるのか、その目で改めて歴史を振り返り、この時代を見つめてみれば、悲観的な感にも捉われる。私たちは「次の時代」をつくれるだろうか。「反逆」という精神が、今ほど必要とされている時代はないのではないか。

1

石原莞爾の遠い視線

石原莞爾（いしわら・かんじ）
明治22（1889）年～昭和24（1949）年山形県生まれ。陸大卒。1928年関東軍作戦主任参謀となり満州事変を主導。「満州国」建設の推進役となった。世界最終戦争の提唱者。

予言者と実践者の二つの顔をもつ男

石原莞爾という軍人は、昭和陸軍のなかでも今なお語り継がれている稀有な人物だ。もともと昭和陸軍には、時代を超えて語られる人物はそれほど多くない。大半の軍人は、時代の枠組みのなかで、軍人勅諭に忠実に生きた模造品のような存在にすぎないのに、こと石原に関していえば、そうではないということかもしれない。

それにしても、なぜ石原は語り継がれる存在なのだろう。

私の見るところ、石原は二つの側面をもっているいささか複雑な人間だからではないかと思う。簡単にいえば、予言者と実践者という側面だ。予言者と実践者の間をつなぐかけ橋、その部分にまさに〈反逆者〉という彼のユニークな人物像が浮かんでくる。しかし、石原は自ら進んで反逆者であろうとしたわけではない。むろん石原にも、他の軍人と同じように軍人勅諭や天皇神権説に依拠するタテマエ中心の嫌らしい性格が存在する。二・二六事件（昭和十一年）の折りに、参謀本部の作戦課長だった石原が、決起した青年将校に対して、「陛下の軍隊を勝手に動かすとは何事か」とどなりつけているのは、手前勝手もはなはだしい。満州事変は謀略まがいで始まっているが、石原自身、そのために兵士を動かしているからである。

こうした自己矛盾を抱えているのに、石原が多くの人たちから関心をもたれるのは、二・二六事件の折りに、青年将校や右往左往する陸軍首脳部が事件の成否にしか関心をもっていなかったのに対して、石原は初めから「断固討伐」を訴えており、その動きがきわめて明快だったためだ。奇妙な言い方になるが、石原にはつねに「ひるむ」という姿勢がない。あちらの意見に耳を傾けてぐらついたり、こちらの放談に脅えたりということがない。こうと決めたら、その道を直線的に進むのが石原なのである。

さらに、石原が二・二六事件に激怒し、青年将校を一貫してどなりつけたのは、彼なりのまったく独自の戦略をもっていたからだ。石原は親しい新聞記者に、「この事件の本質は、一国の首都に反乱が起こっているということだ」と語っている。それがどれほど大きな意味をもつのか、誰も考えていない、と石原はいいたいわけだ。首都に反乱が起きればどうなるか。石原は次のように、その新聞記者に洩らしている。「いいか。アメリカにしても、ソ連にしても、日本を攻撃するのは今だ、と考えない保障はない。そうなれば、参謀本部などなにひとつ対応できないではないか。こんな間の抜けたことがわからん奴らはどうかしている」

あの二・二六事件のときに、首都がその機能を失っているようでは、軍事上の防衛などできるわけがない、という見解は、実は事件の渦中で一度も真剣に論じられたことがない。そんなことすら考えたこともないというのが、そのころの軍人の能力だったということになろう。青年将校のクーデターは成功するか、失敗するか。成功するのであれば、この決起行動に同情を示しておかなければならない。でなければ自らの栄達はない。そんなあやふやな将官や幕僚の動きが目につくときに、石原はそんな打算にこだわっていなかったというのが、〈石原人気〉の意味するところだろう。

少なくとも、二・二六事件の渦中で動き回った軍人のなかで、石原だけはなにがしかの軍事哲学や思想というものを示していた。その哲学や思想が、石原が今なお後世の人びとを魅きつけてやまない一因といえる。

二・二六事件を徹底して抑えつけるよう主張し、寸分も同情の余地を見せずに、鎮圧の実践者に徹しきる潔さ。それが、後世において石原が評価される一因にもなっているとすれば、このことを少し別な角度から考えると意外なことがわかる。つまり、首都の防備が手薄になったときにアメリカやソ連が攻撃してくるかもしれないということは、相手側が防備を弱めたときには、こちら側から攻撃を仕掛けていく心理状態が生まれるという意味を含んでいる。そうした発想や認識から、石原の独自の軍事観や歴史観は生まれたといえるのだ。

人間の思想や理念は、実はささいな言動からもうかがえるということは、歴史上の人物のその軌跡を見ていれば容易に気づく。たとえば、織田信長の人心掌握術。信長は自らの配下の者がいつ自分の寝首をかくかわからないという不安と戦うために相手に書簡を送り、その返書がどの程度の時間で、どのような方法で、どういう文面で返ってくるか、必ず仔細に検証していたという事実は、相手の感情を読み抜こうとするこまやかさのためである。

生来の奇人

前述したごとく、二・二六事件の折りにふと垣間見せた言動のなかに、実は石原の戦争哲学が浮かんでいる。この戦争哲学にもとづいて、石原の前述の二つの側面を解剖することが可能だ。実践者の側面としては、まぎれもなく満州事変の謀略、実行、そして満州国建設という歴史的事実がある。このような実践は昭和陸軍の堕落の一断面であり、石原はその堕落の責任者であるのは間違いないにせよ、主体的にはそれを超えて歴史への挑戦、見方によれば歴史への反逆を試みたともいえる。もうひとつは予言者としての側面である。石原はなぜ堂々と満州事変を実践したのか。それを裏付けるのは、石原の戦争観（戦争哲学）だった。この戦争観から、石原の反逆者としての顔が見えてくる。

石原の生涯をなぞると、すぐに気づくことがある。それは、生来奇人風の性格をもっていたということだ。軍人になるまでの経歴を軽くなぞっておくならば、石原は明治二十二（一八八九）年一月に山形県鶴岡で生まれている。父親は庄内藩の漢学者の流れを汲んでいるが、石原が生まれたころは警察官だったという。学者の家系に生まれながら、しかし時流と折り合いがつかずに下級官吏の道を選んだ父親には内心、屈折した感情があったろう。俗な言葉でいえば、要領のわるい生き方をしたといえるかもしれない。

石原は十人兄弟の三男（とはいえ内六人は幼少時代に死亡）だったが、小学校時代から神童と呼ばれていたらしい。むろん後年になってある程度名を成すと、そのようないい方がされるものだが、しかし石原にはそうした神童の面、特別に勉強しなくても成績がよかった面に加えて、たとえば教師が自由に絵を描いていいといえば、まったく臆せずに性器の絵を描いたり、作文でも大人びた内容の一文を書いたりしていた。当然のことながら、周辺の大人たちをハラハラさせるタイプでもあった。

旧制庄内中学一年時に、とくべつの勉強をするでもなく、陸軍幼年学校に入学する。首席を通していたので、教官（軍人だが）連中から「こいつは将来モノになる」と期待されていた。もっとも、こうした語のあとに、「もうすこし規律を守るよう注意せねばならん」と叱責もされた。その後、陸軍士官学校に入り、卒業時の成績は六番目であった。まったく物怖じしない性格は、この十代後半にも遺憾なく発揮された。同期生たちは休日になるとせいぜい自らの出身地の先輩（それも軍人が多いのだが）の家を訪ねてご馳走になったり、教訓を聞かされる程度だったのに、石原はその範囲にはとどまらなかった。社会的に著名な言論人の徳富蘇峰や政治家の大隈重信などを、なんの手づるもないのに訪ねていき、政治や歴史の話を聞いた。明治末期には、そのような慣習もまだ残っていて、石原はそれを利用したのである。

石原の遠い視線

石原は好き嫌いの性格がはっきりしていて、とくに父親を嫌っていたという。その性格があまりにもこまごましているというのがその理由だったが、陸軍幼年学校、士官学校時代に帰郷しなかったのもそのせいだった。後年、石原は両親を慈しみながらも、「年寄りというのはあまり長生きするものじゃない。いいかげんお迎えが来てもいいはずなのに……」と平気で口にしたそうだ。両親はそれを聞いて、「この悪たれ小僧め」という表情をしたとの側近の証言もあるので、石原の父親への感情は複雑なものがあったのだろう。

その後、石原は隊付勤務に入る。若い将校の誰もがそうであるように、石原もまた芸者遊びをした。ある時期に熱中したともいう。何事かに関心をもてば熱中する癖があるだけに、石原の〈女遊び〉もたぶんその延長なのであろう。

石原の連隊は朝鮮の「京城」（ソウル）から東北の「春川」にあり、この連隊の第一の使命は朝鮮独立をめざす志士たちを弾圧することにあったが、石原はこの軍務に悩んだといわれている。自国の独立をめざす人びとを弾圧するというのはどういうことか、この悩みをのちに直接耳にした者もいるが、石原自身はそれを心の内に隠していた節がある。

この頃に、石原は幸徳秋水の大逆事件を知る。朝鮮という地でそのことを知った石原の胸中は一層複雑になった。そのことを青江舜二郎の『石原莞爾』から引用しよう。青江は次のように書いている。

「石原にとってショックだったのは、その年の六月に幸徳秋水の大逆事件が発覚し、その一味は処刑されたが、彼らの企図が天皇制の否定覆滅にあり、その組織や同志が全国的に広がっているということであった。石原は、そのことにほとんど物の味もわからぬほどの打撃を受ける。単なる怒りといったものではなく、その生命が暗くしぼんで、なえてゆくような恐怖をまじえた感覚であった。もしこれが内地であったら、これほどではなかったかもしれないと思い、祖国を離れて祖国の〝非常〟に対する情感の深刻さを、生まれて初めての経験として思い知る。（以下略）」

いささか文学的な表現ではあるが、要はこのとき初めて自分とは異なる側からの反逆を知ったのである。むろん石原は、幸徳秋水の思想がどのようなものであるかは知らなかったにしても、自分たち軍人が《絶対忠誠》を誓うその天皇制を解体してしまおうとする連中がいる。その恐怖を知ったとみることもできる。

石原は、朝鮮という地からはるか日本を遠景として眺める。遠い視線をもったのだ。時空を超えて石原が初めて自らの位置づけを行ったのではないか、と私には思えるのだ。

その後石原は、陸軍大学校に進む。大正四（一九一五）年から七年十一月までの三年間である。図らずも第一次世界大戦のときだ。日本は連合国の一員として英国、フランスの側にあり、ドイツと戦っている。しかし、陸大教官のなかにはドイツびいきの教官が多く、ヨーロッパ戦史でもとかくドイツに肩入れする授業が多かった。石原はこの陸大時代に戦術、戦史に並外れた能力を発揮するとともに教官の幾人とはあからさまに衝突したという。それでも卒業時の成績は二番であった。のちの昭和陸軍は成績至上主義という悪弊をもったといわれるが、とにかくこれで石原は陸軍省・参謀本部の要職に就く権利が与えられたわけだ。卒業時、本来なら石原は一番だったが、その言動がとかく人目を引くので、天皇の前で講演を行うときに何を話すかわからないと恐れられ二番に下げられたという説もある。しかし、真相は不明だ。

陸大を卒業したあと、石原は一時期、教育総監部に身を置くが、大正十一（一九二二）年から十三年までドイツに留学している。この時は三十三歳から三十五歳であった。日本に戻ると陸大教官を勤め、ヨーロッパ戦史を講じるが、大正末期から昭和の初めにかけては、軍内では、石原は「地味な研究家肌の軍人」とか「自説に自信をもち、ときに相手を論破するのを好む軍人」という評価がなされていた。つまり、それほど目立たなかったのである。雌伏のときといえるかもしれない。

その石原が大きく変貌するのは、昭和三（一九二八）年七月に関東軍作戦部の主任参謀というポストに就いてからである。その三年後に満州事変を起こすわけだ。

ドイツ留学で得たもの

こうして石原の前半生をスケッチしてみるとわかるのだが、石原は自分の能力とその性格でポストを切り開いていくタイプだったといってよいだろう。自信家・驕慢な毒舌家という謗り（そし）をうけたのも決して不思議ではなかった。石原が戦争哲学を身につけたのは、実はドイツ留学時代であった。石原の前後の世代の将校はドイツに数多く留学したが、大体は彼らは彼の地にあっても仲間内で群れたうえに、その研究テーマも、これからの戦争は「国家総力戦」であり、国家の組織、機構のすべてを国家総力戦態勢として組み立てていかなければならないという点に終始していた。情報戦とか産業戦、宣伝戦などという語を身につけて、そうした語が軍事を支える役割を果たすという、いってみれば手前勝手な論理をふり回す軍官僚として育ったわけである。

ところが石原は違っていた。かつて私はその頃の石原像について『陸軍良識派の研究』という書で、次のように書いたことがあるので以下に紹介しておこう。

「石原は第一次世界大戦の戦況そのものより、戦争のメカニズムについて強い興味をもった。ドイツでナポレオン戦史などを片っ端から読んだ。この頃陸軍ではドイツに毎年十人近い陸大卒業生を送り、新しい戦争形態をとり始めた第一次世界大戦の研究を進めさせた。そこで永田鉄山らの国家総力戦構想が生まれてくることになったのだが、石原は、こうした軍人とはまったく対照的なタイプになったのである。

石原は、改めて東洋文明に目を向け、そして日本の伝統文化にひときわ関心をもつようになった。ベルリンの下宿にとじこもりっきりになり、羽織、袴姿で読経をつづける生活を送った。(以下略)」

石原は羽織、袴、白足袋、草履ばきの純日本服で、ベルリンや休暇で出かけたロンドンを歩いたという。むろん石原の周辺には人だかりがしてくるし、あとはチョンマゲをつければ「サムライ」とばかりに人目を引きつけている。こうした石原の行動を、留学中の軍人は誰も注意できなかったという。石原はなにしろ同期生とは交わらないのだから、注意できる者はいない。そのためにこうした同期生は、「石原の行為は日本を誤解させる」と陸軍省に報告を送ったりもした。もとより石原は、そんなことにはお構いなしにベルリンでの留学生活を送っていた。

「戦争史大観」に見る戦争哲学

石原は留学中の三年余の間に、改めてヨーロッパ戦史の大半の書を読破し、そして第一次世界大戦を分析したうえで自らの戦争哲学をつくりあげた。

石原は昭和十六年に陸軍軍人を予備役になってから、この戦争哲学を膨大な著述としてまとめている。その一部は「戦争史大観」(『石原莞爾全集第一巻』に収録)というタイトルになっているが、この書によると、石原は大正八(一九一九)年に日蓮聖人の信者になったという。陸大を卒業して教育総監部にあり、日々、戦史書の研究などにつとめていた頃だが、石原自身によるならば、「私は大正八年以来日蓮聖人の信者である。それは日蓮聖人の国体観が私を心から満足せしめた結果であるが、そのためには日蓮聖人が真に人類の思想信仰を統一すべき霊告者であることが絶対的に必要である。仏の予言の適中の妙不可思議が私の日蓮聖人信仰の根底である。六ヶ敷い法門等は到底私には分りかねる。しかるに東洋史を読んで知り得た事は日蓮聖人が末法の最初の五百年に生まれたものと信じられているのであるが、実は末法以前の像法に生まれられた事が今日の歴史ではどうも正確らしい。私は是を知った時真に生まれて余り経験なき大打撃を受けた。（以下略）」という。これは何を意味しているかといえば、日蓮の説いた教えを歴史にあてはめることで、世界の歴史は説明がつくということなのである。

日蓮の教えを説く者は末法のときに日蓮があらわれて新たな教えを説いたというが、石原はそれに従いつつも、そのような考えは日蓮を霊告者とみるのではなく、先哲の人格者とみることによっていつの時代でも末法そのものへの関心を妨げてしまうという指摘だ。

このあたりの石原の宗教上の説明は少々難解だが、要は、日蓮の説いた理想郷を軍事にあてはめながら人類史を見ていくと、人類は幾つかの戦争を体験したうえで世界統一という極楽浄土を建設することができるという意味だ。統一された世界ではもう戦争はないというのが、石原の考えだったのである。石原はこの日蓮の考え方をもとにヨーロッパのこれまでの戦争を分析して、そして第一次世界大戦を見て、独自の戦争観をつくりあげた。

統一された世界を生みだすために、人類はいつか最終戦争を行わなければならぬ、それがどの時代になるかはわからないにしても、人類はいつかそのような運命を背負うことになるというのが石原の考えであった。まだ三十代半ばの中堅将校は、密かにそのような考えを身につけていた。

信仰と軍事史が一体になった石原の戦争観、それはきわめてユニークではあるが、反逆者の武器たりうる思想であった。ここで、石原自らが描いたそのプロセスを図で示したものを紹介しておくことにしよう。それが次頁の図である（「戦争史大観」より引用）。

決戦戦争と持久戦争

フランス革命から第一次世界大戦までは、決戦戦争の時代で、この期間を百二十五年と捉える。それまでの三百年から四百年は持久戦争の時代だったという。決戦と持久の意味は、軍事力が衝突して短期間に決着がつくのが決戦戦争であり、相手方の軍事力を疲労させて最終的に勝敗を決める戦争を持久戦争という。石原は、第一次世界

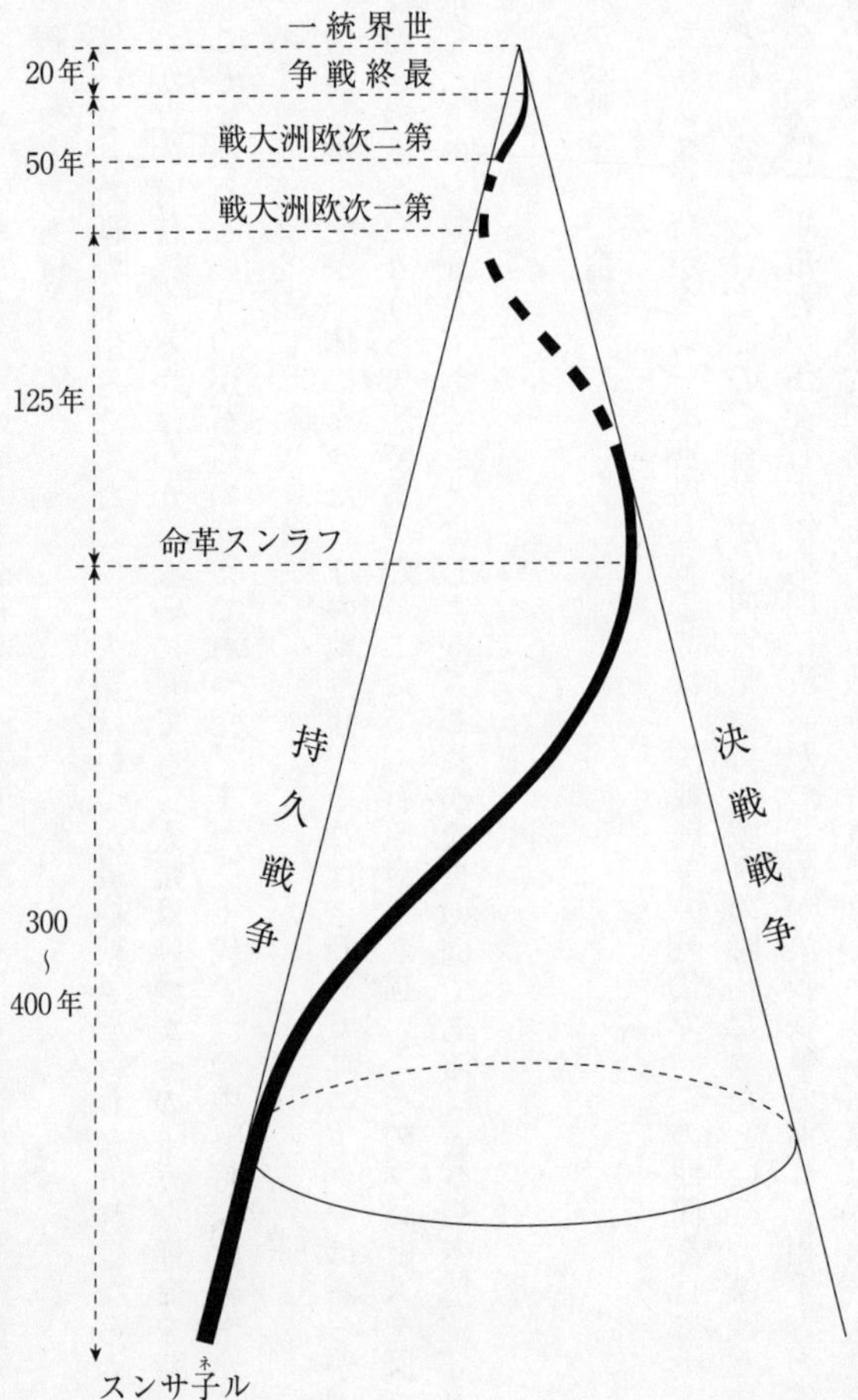
世界統一
最終戦争
第二次欧州大戦
第一次欧州大戦
フランス革命
ルネサンス
20年
50年
125年
300〜400年
持久戦争
決戦戦争

大戦から最終戦争までの持久戦争の期間は短いだろうと想定する。では、この最終戦争とはどのようなものか。

石原は、軍内部で中堅将校から高級将校への道を歩んでいるとき——つまり昭和初年代から十年代にかけてのことだが——、こうした戦争哲学を決して人に語っていない。二・二六事件の頃、石原の思想をもとにした東亜連盟という結社ができあがるが、そうした思想上の同志だけには密かに明かしている。この点は石原の側近であった新聞記者の高木清寿からの直話として私も聞いているが、とくに自らの上の世代の高級軍人には寸分もにおわせなかったという。ただ軍人のなかで、石原に私淑していた後輩の将校（昭和十年頃の参謀本部作戦課の将校）はそれとなく石原の戦争哲学をその会話の端々からかぎとっていた。

昭和十六（一九四一）年三月に、石原は軍を離れたあとこの戦争哲学を東亜連盟の会員に講演したことがあり、そこで幾つかの質問を受けた。そのときのやりとりが残されているが、「世界最終戦争はいつか起こるかもしれない。しかし、それは三十年内外先とは思えないが」という質問を受けた。

単純な計算になるが、この質問者の「三十年内外先」という意味は、一九一八年に第一次世界大戦は終わったのだから、世界最終戦争は五十年後、つまり一九六八年から二十年にわたってつづくことになる。質問時は一九四一年のことだから、これからほぼ三十年先に実際にそうなるのかというわけだ。この質問を受けたときの石原の答えはなかなか興味深い。次のように答えている。

「近い将来に最終戦争の来ることは私の確信である。最終戦争が主として東亜と米洲との間に行はれるであらうといふことは私の想像である。最終戦争が三十年内外に起るであらうといふことは占ひに過ぎない。私も常識を以ってしては、三十年内外に起るとは仲々考へられない」

そのうえで、石原は人類の戦争はこれまで地上、水上の戦いであったが、まもなく「空中に飛躍する時は、真に驚天動地の大変化を生ずるであらう」というのだ。釈尊が法華経で本門の中心問題、すなわち超常識の大法門を説こうとしたとき、「印度霊(リョウ)鷲山(ジュセン)上の説教場を空中に移したのは、真に驚嘆すべき着想」といい、空中への飛躍によって考えられない戦争が起こるともいっている。

原子爆弾の予言

こうしたことをすべてかみくだいていくと、石原の戦争哲学は、次のような形に落ち着く。

〈第一次世界大戦までは、世界は数十の政治単位に分かれていたが、この大戦によって四つほどに絞られ、今や自由主義と枢軸陣営の二つに対立が絞られている。準決勝のときだ。やがて、物質文明偏重の西洋文明（それがアメリカという）と精神文明、王道文明（それが日本という。中国は西洋文明と王道文明の混淆と見る）の対立となり、日本の天皇が勝つか、アメリカの大統領が勝つかという選択を迫られ、「人類歴史上空前絶後の大事件」が起こる。世界最終戦争の決戦兵器（即ち破壊兵器として今日の爆弾に代る恐るべき大偉力のものが発明されることと信ずるも、これを遠距離に運んで、敵を潰滅するために航空機が依然必要であろう）も生まれるにちがいない〉

石原は、すでに原子爆弾の登場も予言していたことは記憶されておくべきであろう。そのために石原は、独学で自然科学の書を読み漁っていた。

こうして石原の戦争哲学を解きほぐしていけばわかるが、実はその思想や哲学はきわめて不気味である。

東亜文明の主たる地位に登りつめるという意味は、中国を後方兵站地域にするか、それとも王道文明の共有者として思想統一を図らなければならないということになる。当然なことに、満州などはまず日本の支配下に置くことが必要となる。むろん石原はそのような露骨ない方はしないが、五族協和、王道楽土は日本の王道文明を貫徹していくための第一段階になるわけだ。

覇道文明と王道文明の最終戦争

そこで、もういちど年表を片側に置いて、石原の戦争哲学をなぞってみよう。

第一次世界大戦から五十年後に、世界最終戦争が始まるとすると、それは前述のように一九六八年になる。それまでにもういちど第二次世界大戦（石原は欧州大戦というい方をしている）がある。それがいつかは明確ではないが、これは覇道文明のアメリカと王道文明の日本が選ばれての戦いとなるはずだ。こう考えれば、まずは日本は王道文明の覇者とならなければならないわけだが、石原の胸中にはそのためのプログラムも練られていったというべきだろう。そのプログラムとは、中国を日本に屈服させるか、日本の説く王道文明に同調させるか、のいずれかであり、そのために日本は軍事的、政治的にもなんらかの行動を起こさなければならない。

むろん石原ひとりでこの行動が起こせるわけではない。陸軍省や参謀本部、教育総監部などにいては、たとえプログラムを練ったとしても、現実に行動を起こせるわけではない。石原は、なんとしても「外」に出たかったのである。昭和三（一九二八）年七月に関東軍の、それも作戦を主導する主任参謀となった。前月にやはり関東軍主任参謀の河本大作が謀略で起こした張作霖爆殺事件のまだ余燼もさめやらぬ空気のなかでの就任であった。石原の胸中には遠い視線で見つめていた人類史の光景が見えてきたともいえるだろう。予言者がとりつかれた光景といえるかもしれない。一九六八年までに日本は態勢を固めておかなければならぬ。そう考えた石原は、昭和六（一九三一）年五月二十二日にまとめた「満蒙問題私見」という意見書を作戦参謀などに配布している。これは、石原の上司にあたる板垣征四郎が参謀たちにむけて行った「軍事上ヨリ見タル満蒙ニツイテ」の講演を石原流に手直ししたものだ。この私見を読んでいくと、石原はそれほどは自らの戦争哲学をにおわせていない。このときはまだ最終戦争論まで考えていなかったという見方もあるかもしれない。私にはそうは思えないのだが、百歩譲ってそのような考えがなかったとしても、最終戦争論に至るまでの思想、哲学は固めていたであろう。

ベルリンの下宿で、部屋をしめきってロウソクの光のもとで、法華経を唱えながらヨーロッパ戦史を読みふけった石原のこと、余人には見せないもうひとつの顔（それこそ反逆者の顔ということにもなるが）で板垣の講演内容を自らの側にひきつけていったことは容易に想像されうる。

この私見のなかで石原がさりげなく自らの思想をにおわせているのは、「第一満蒙ノ価値」の部分である。この部分はそれほど目立つように書かれているわけではなく、当時の軍人たちには、「なんとも奇異な認識だ。さすが石原さんらしい」と理解されたにすぎなかった。これからの世界はさらに進んでいき、西洋の代表たるアメリカと東洋の選手たる日本との争覇戦になっていくとし、その資格をもつことを第一義とすべきだと説いている。「現下ノ不況ヲ打開シ東洋ノ選手権ヲ獲得スル為ニハ速ニ我勢力圏ヲ所要ノ範囲ニ拡張スルヲ要ス」と唱え、そのための軍事計画を練り、その実現に努めるべきだという意味の表現が書き列ねてあった。

昭和六年九月十八日夜、奉天郊外の柳条湖近郊で関東軍と中国軍が衝突し、これを機に一気に東北三省を制圧していくことになる。当時の奉天特務機関が参謀本部に打った電報には、「奉天地方、北大営西側ニオイテ、暴戻（ぼうれい）ナル支那軍隊ハ満鉄線ヲ破壊シ、ワガ守備兵ヲ襲イ、駈ケツケタル我ガ守備隊ノ一部ト衝突セリ」とあるが、実は、石原や関東軍の将校によって企てられた謀略だった。奉天で事を起こせば、すぐに関東軍の幾つかの部隊を派兵して東北三省の主要都市を抑えていく手筈になっていたのである。まさに石原の回した歯車は成功したといっていい。

そして翌七年三月一日には、清朝帝政最後の皇帝溥儀（ふぎ）をかついで満州国を建国し、日本の支配下に置く。

しかし、石原の回した歯車は、その予想を超えて回転していく。まず日本の軍事指導者は満州を傀儡（かいらい）国家として己れの植民地として支配する。石原の唱えた王道楽土などのスローガンは空虚な実体のない虚偽そのものと化していく。この段階で、石原は、国内では満州事変の功労者扱いされるが、しかし今となってみれば、石原は、当時の国際社会の反逆者となり、日本そのものがその実践者と化していったわけだ。石原の予言と一体化させる実践とは別に、日本は単なる国益を追求するきわめて悪質な帝国主義国家としての道を転げ落ちていった。

日本の運命を決めた哲学

なぜ石原が企図した満州事変は謀略だったのか。

第一次世界大戦後、世界各国は戦争のあまりの悲惨さに驚きあわて、そして自省した。一九二二（大正十一）年のワシントン会議は、そのような意図で九カ国を集めて開かれた。戦争を起こさない国際秩序を話し合ったのである。そうして海軍の軍縮条約、対中国問題への武力発動を放棄し、中国の主権を認める九カ国条約など、実に七つの条約と十二の決議を採択した。このワシントン会議にもとづく一九二〇年代から三〇年代にかけての国際秩序を一般にはワシントン体制と称し、国際協調路線の代名詞になっていた。

もっとも、この体制にも幾つかの矛盾があった。ソ連やドイツはこの条件から外されていたし、ワシントン体制そのものが、近衛文麿が指摘したように「英米本位の和平秩序」といえた。ドイツでヒットラーのナチス勢力が擡頭してくるのは、この秩序への批判と過重な賠償に対する抵抗からであった。しかし、そのヒットラーでさえ、軍事行動にふみきるのは一九三〇年代半ばからであった。

石原が起こした満州事変は、このワシントン体制の最初の破壊者だった。いってみれば、石原の実践は、まさにこの国際協調の秩序に最初に反旗を翻した反逆だった。むろん石原にはその自覚はなかった。いや関東軍の石原と同調した参謀にもなかった。昭和陸軍を担うことになる指導者にもまたその意識はない。もし日本に、真に歴史観や哲学をもつ有能な指導者がいたら、その怖さに立ちすくんでしまったであろう。かすかに幣原喜重郎外相にその徴候を見るが、しかしこの外交官ＯＢもみごとなほど政治的実権を失っていった。

こうして石原という反逆者を見ると、私たちが昭和陸軍のなかには思想や哲学をもつ者がいないといって、看過するのは誤りかもしれないという気がしてくる。

石原が自らの戦争哲学のもつ予言を実践に移したとき、この国はその哲学の誤りとの道連れという運命を担ったというべきかもしれない。

国際秩序に抗した、たった一人の日本人

二・二六事件の折り、石原が青年将校を叱りつけたのは、東洋の覇者という道を、つまり、なんとか話し合いで中国を屈服させようと考えていた戦争哲学のスケジュールを歪めてしまうという不安を抱いたためである。せっかく満州国をつくり――もっともそれは、関東軍参謀長の東條英機らによって、しだいに骨抜きにされていったが――、スケジュールどおりに歩んでいこうとするのに、お前たちは親の心子知らずで、なんと愚かなことをするのか、と石原はどなりつけたかったのだろう。

ソ連の全体主義を石原は「合宿」して体力をつけていると評したが、そのソ連といずれ西洋の覇道文明の勝者となるアメリカとが、せっかく準決勝から決勝に進もうとしている日本に対して、国内の混乱状態につけこんで攻めてきたらどうするつもりなのか、という言は石原にしか吐けなかった。国際秩序の反逆者である石原像は、この言を吟味することで戦争哲学をもっていたことが逆説的に裏づけられるのではないか、と私は思う。

石原のようなタイプ、つまり歴史に反逆したタイプは、明治期の建軍以来、日本陸

軍のなかには、これは悲しいことだがと形容して指摘すべきだが、他に一人もいなかったといえるだろう。むろん、あの太平洋戦争を指導した軍人のなかにもまったくいなかった。この戦争を担った指導者は、東條英機に代表されるように徹底して石原を嫌ったという点で共通性をもっている。とにかく石原を軍の中央から遠ざけることのみに専念し、そして石原を「少々異常な人間」として唾棄しつづけたのだ。

もとより石原もそれを知っていた。内心では嘲笑しながら、部下などに問われると、「人事は陛下の命令で行われるのみであり、私はそれに従うだけ」と淡々と答えていたことはよく知られている。しかし、親しい者には、「東條で戦うような戦争など、まったく意味もない戦争だ。あんな連中に、勝手に満州や中国をいじめられたらたまったものではない」と洩らすこともあった。

敗戦後に石原は、外国人記者にも関心をもたれたらしい。ともかく風がわりな軍人がいるらしいとの噂が広まったためだ。なにより石原は、太平洋戦争そのものにはなんらの関わりをもっていなかった。戦犯になろうにも、なりようがなかったのに、石原は、自分を裁け、と外国人記者のインタビューに答え、むしろ「戦犯志願者」ともいわれて不思議がられた。東京・飯田橋の逓信病院に入院した折り、東京裁判のアメリカの検事団が尋ねてきて訊問したときには、「戦犯第一号は原爆を投下したトルーマン大統領。しかしもっと先を辿れば、嘉永六（一八五三）年に浦賀にやってきたペリーではないか」と答えている。

このあたりが石原の発言は面白いといわれた所以だが、石原にすれば、覇道文明の勝者であるアメリカに対して、たったひとりで王道文明の覇者の心構えを見せようと、あえて戦犯を志願し、法廷という場で論戦を挑もうとしていたのかもしれない。そのクライマックスは、昭和二十二（一九四七）年五月一日と二日、石原が療養している山形県の酒田市に検事団一行が石原を証人として訊問にやってきたときであろう。そこで検事団は、

「あなたは東條と対立したと聞いているが、実際はどうなのか」

と尋ねた。すると石原はためらいもなく答えている。

「いや対立などまったくなかった。なぜなら、あの男には思想も哲学もなかったからだ」

さらに、満州事変の張本人とされている自分をなぜ裁かないのかとこのときも繰り返した。石原ひとりがまくしたてるという証人訊問であった。

もしかすると、石原は東京裁判の法廷で自らの戦争哲学を披瀝することで歴史の審判を仰ごうとしたのかもしれない。それは客観的に見れば歴史への反逆者の弁になっ

ただろうが、そうすれば石原の哲学は少なくとも世界に知られていたであろう。

石原は、昭和陸軍だけでなく、日本陸軍のなかでも国際秩序に抗した軍事哲学をもつ軍人だったという位置づけはこれまでされていない。近代日本の軍事組織は、その解体の寸前にこのような反逆者をもっていたという視点で、改めて石原莞爾という軍人を見つめてみるべきではないか、と私はつくづく思う。

2 道義を貫いた革命家・宮崎滔天

宮崎滔天（みやざき・とうてん）
明治4（1871）年〜大正11（1922）年熊本県生まれ。外務省嘱託として中国の革命運動事情を調査した後、孫文らと知り合い辛亥革命の援助工作に専念した。

革命一本の男・滔天

ある日本史の辞典を繙いていたら、宮崎滔天の人物紹介欄に「大陸浪人」と書かれていたので、私はいささかムッときた。それはないぜ、と思わずつぶやいたものだ。本人があまりにもかわいそうすぎる。

大陸浪人といえば、陸軍の機密費をもらって中国に入り国家の下僕として仕えるといった印象を与え、あまり良質のイメージは湧いてこない。彼を一言で形容するなら、せめて「辛亥革命（あるいは、孫文でもいい）に協力した革命家」とでも名づけてほしい。孫文はその回想録のなかで辛亥革命に積極的に協力した日本人として、六人の名前を挙げているが、そのなかで「宮崎兄弟」として、滔天の兄の民蔵と寅蔵（滔天の本名）の名をきちんと記してその功績に礼を尽くしている。

民蔵の息子と滔天の娘が結婚し、その間にできた川添黎を私は何度も取材し、宮崎家の歴史的推移も確かめた。孫文に感謝されているこの兄弟を祖父にもつ川添は、現在（平成十二年七月）、七十代半ばのはきはきとした女性だったが、彼女は「滔天は革命一本の人で、その他のことはほとんど何もできませんでしたよ」と述懐した。孫文に惚れ込んで中国革命に協力した滔天は、生涯、自ら働いて糊口を凌ぐのは不得手だったらしく、とにかく真正直に孫文の革命の手足となって働いた人といっていい。

滔天の軌跡を調べれば調べるほど私は、彼のことが好きになる。とくにその写真を見ていると、目はらんらんと輝いて何事かを成すという表情をしている。表情というよりも、面構えという語が似合う。なかんずく、明治二十九（一八九六）年夏に撮影したとされる母佐喜と妻槌子（姉の卓子は夏目漱石の『草枕』の那美のモデルともいわれている）、そしてまだ三歳になるかならないかの長男の龍介、そしてやっと首が据わったばかりの次男震作とともに写した滔天の写真は、迫力がある。着物姿で髪は伸び放題、口ひげ、あごひげも濃い。このころは中国人、朝鮮人革命家と交わり、中国の革命を支援するためにシャム（タイの旧称）に出かけるなど、家庭も省みず革命運動に没頭している様が写真に実によくあらわれている。

口ひげ、あごひげが伸び放題の滔天を見て、犬養木堂（毅）が、「君はなぜそんなにひげを伸ばしているのか」と問うたことがある。ちょうどこのころのことらしい。滔天は「面倒なためだ。それに事の成就までは剃ろうとは思わん」と答えている。犬養も中国の革命家たちへの支援者であったが、それほど熱心だったわけではない。日本の国策としての対中国政策が、俗な言葉でいえば、帝国主義化していく段階で木堂の腰が少々ひけたといえるかもしれない。滔天の言を聞いて、木堂は「事の成就」の意味も尋ねずに「まあ、それもいいだろう」と答えている。この男に社会のマナーを語ろうとは思わなかったのである。

滔天にとって、「事の成就」とはどういう意味だったのだろうか。

結論を先に言えば、滔天は、中国の革命家たちの指導者である孫文の中国革命を成功させるという意味だけでこの言葉を口にしたのではない。滔天その人の軌跡を追うと、それは「道義が支配する社会になるまではひげは剃らない」というふうに解釈できる。道義を満たす社会とはどういう社会かを見ていくことで、滔天その人の反逆の図式が明らかになる。

反逆とは、自らの全人生を賭けた戦いそのものであり、それは誰でも簡単に、片手間でできることではない。この点を理解するには、滔天のその歩みを軽くスケッチしておく必要がある。どういう人物が反逆者になりうるかを知っておくためにもだ。

ふたりの兄からの影響

滔天は明治四（一八七一）年に生まれた。明治維新が成ったといっても、熊本県荒尾村の生まれとなれば、まだ幕末の空気が色濃く残っている。滔天は郷士の七男とされているが、実際には四人兄弟の末弟だった。父親は武道に優れていて、四人の子供の頭を撫でては、「豪傑になれ。豪傑になれ」と励ましたという。この父にしてこの母ありというべきか、母親は子供たちには幼少時から、「畳の上で死ぬのは、男子の何よりの恥と思え」と諭した。そして滔天が物心ついたときには、「八郎兄のようになりなさい」と母親だけではなく周辺からも励まされたというから、もともと男子には剛直さを求める家風だったのかもしれない。

長男の八郎は、青年期に自由民権運動に関心をもっていた。しかし明治十（一八七七）年の西南戦争では西郷隆盛に加担し、官軍と戦い、そして二十七歳で戦死している。自由民権運動家なのになぜ西郷に加担するのかと問われて、

「今は西郷と一緒に藩閥政府を倒すのじゃ。西郷に天下をとらせて、そのあとまた謀反を起こすたい」

と答えた。ルソーの『民約論』を読みながら西南戦争に参加するところに、八郎の西郷の生き方に惚れぬいた人生観がうかがえる。

この八郎が戦死したとき、滔天はまだ六歳であった。八郎兄のように生きろ、自由民権とはすばらしい思想、豪傑というのは謀反を企てること、畳の上で死んではならない、宮崎家の者は生涯官職には就くな——これらの教えが重ね合わさり、滔天は、〈自分は革命家になるべくして生まれた者〉という生き方を自らに課すようになった。

目を光らせて戦いの姿勢で構えている青年、それが滔天だったともいえる。滔天が戦いの姿勢をもつには、もう一人、三兄の弥蔵の影響もあった。

滔天は、青年期に熊本の大江義塾で学び、その後東京に出てキリスト教にふれ、洗礼も受けている。しかし、このことは特別に高言はしていない。信仰がどの程度滔天をつき動かしたのかはわかっていない。東京では東京専門学校（後の早稲田大学）で学んだが、この時に弥蔵の商売（炭屋）も手伝っている。弥蔵はその後横浜に移り住み、中国大陸への雄飛をめざすが、明治二十八（一八九五）年に入ってまもなく病死した。危篤の報で滔天はその枕元に駆けつけたが、すでに死亡していた。弥蔵の遺書が発見されたが、それは和歌一首だけであった。

大丈夫の真心こめし梓弓
　放たで死することのくやしき

弥蔵は志を中国に求め、中国の国内改革に助力するつもりでいたが、それがかなわずに死んでいく。こんな口惜しいことがあろうか、と洩らしていたとも聞く。しかも弥蔵は密かに中国人華僑のもとに出入りし、中国語を習い、中国服を着て革命の志士と接触していた。その接触していた志士、陳少白を探しあて、滔天は改めて、

「兄の想いは私の想いでもあります。まず中国で自由民権の革命を成就し、それをも

って日本にも革命を起こさなければなりません。中国から西洋列強を追いだし、そこを拠点にしてアジアを解放し、もって世界を解放するというのが、私の願いでありま す」

と約束する。滔天が二十五歳のときであった。以来、滔天は二十年余にわたって中国革命の支援者となった。ふたりの兄の遺志を継ぐのを自らに課したのである。

明治二十年代後半から三十年代初めにかけて、日本の青年のなかにはきわめて強くアジアの革命に関心をもつ者がいた。二十七(一八九四)年、二十八年の日清戦争によって日本は清国を打ち破ったにせよ、依然として中国の革命を支援する日本人志士は多かった。滔天はまさに、そのような道を歩むことになったのである。日清戦争後、近代化の範を求めて日本へくる中国人留学生がふえ、そのなかには、清朝帝制の打倒を意図する革命家も少なくなかった。そうした革命家が一致してかついでいた指導者こそ、孫逸仙(孫文)だったのである。

孫文との運命的な出会い

滔天がその孫文と初めて会ったのは、明治三十(一八九七)年二月である。

そのころ孫文は革命資金を集めるため、あるいは自らの革命理論を練りあげるため、ヨーロッパを回っていた。そして、このとき密かに日本にやってきた。滔天は孫文の横浜の隠れ家を訪ねた。清朝政府が日本に多くのスパイを放って、革命運動に挺身する中国人留学生、華僑などを監視していたために、孫文や陳少白のつくっていた興中会といった組織などはまだ秘密結社にも似た動きをしていたのである。そこに顔中ひげだらけの大柄な日本人が突然姿をあらわしたものだから、陳少白から滔天の名を聞いていたとはいえ、孫文は驚いた。

滔天と孫文が初めて出会ったとき、どのような会話がなされたかについては、滔天がのちに著した不朽の名著『三十三年之夢』のなかに詳しく書かれている。漢文調の名文で綴られた滔天の半生記ともいうべきこの書のなかで、孫文は、革命の志を聞かせてほしいという滔天の言に丁寧にこたえている。「私の信念は、人民が国を治めるのを政治の原則とすることです」と孫文は口を開き、そして清朝帝制を倒して共和制をめざす、そのための革命だと諄々と説いていく。

孫文は弁舌家であるうえに、人心を巧みに掌握する能力をもっていた。滔天はその言に酔っていく。この弁舌の内容は『三十三年之夢』のなかでほとんど全文紹介されている（つまり、滔天は孫文の革命のビジョンをメモにとっていた）。この孫文の信念を紹介した部分を読むと、中国の革命指導者がどれほど革命への情熱をたぎらせているか、いや反逆者の情熱をもっているかが実によくわかる。もし私も孫文の前に出ていたら、まぎれもなく「わかった。私もあなたの革命のために命を捧げてもいい」と叫んだであろう。こうした人物に出会えたというだけで、滔天は幸せだったといえるかもしれない。

「ああ、今や我邦土の大と民衆の多とを挙げて、俎上の肉となす。餓虎取ってこれを食らえば、以ってその蛮力をふるって世界に雄視するに足らん。道心あるものこれを用いば、以って人道を提げて宇内に号令するに至らん。余は世界の一平民として、また人道の擁護者としてもなおかつこれを傍観すべからず、いわんや身その邦土のうちに生れて、ただちにその痛痒を受くるにおいてをや。（以下略）」

といった言（引用にあたって一部平仮名に）が次々と孫文から吐かれたからだ。そして孫文は、滔天に協力を求めた。滔天は、次のように書きとどめている。

「諸君もまた力を出して、わが党の志望を助けよ。支那四億万の蒼生を救い、亜東黄種の屈辱をすすぎ、宇内の人道を回復し擁護するの道、ただ我国の革命を成就するにあり。この一事にして成就せんか、而余の問題は刃を迎えて解けんのみ」

まず、中国革命を成功させるために共に闘ってほしい、この成功によって現在のさまざまな困難は解決するというのだ。

滔天は東京専門学校で学んだといっても、実際に学業を修めていたわけではない。弥蔵の死後、生活費を母親の仕送りなどに頼っていた滔天は、この孫文との出会いからすべての生活を革命のために費やしていく。人生をこの一点に賭けていく。

まず初めに反逆の精神あり

こうした滔天の歩みを見ていると、滔天という革命家は、多くの志をもつ人たちによってつくりだされたことがわかる。滔天は自分であって自分だったのではない。八郎、弥蔵という兄たち、陳少白、孫文という革命の志士たち、それに孫文に協力する平山周、犬養木堂、古島一雄などの日本側の支援者たち——そういう人たちに影響されて、〈まず初めに反逆の精神あり〉から反逆の方向性が中国革命に求められたのである。

その志は良しとしよう。その方向も歴史の方向と合致していた。

この時期、滔天はある会社に籍を置き、シャムへの移住を手伝う仕事で、三十円の月給をもらったときもあった。だが、その金を故郷の荒尾に住む妻の槌子のもとに送ってはいない。「貧乏を学問と思え」などと槌子には伝えながら、自らは遊楼遊びに熱中したりしていた。こういう豪快さが（明治時代の男性にとっては当たり前のことだが）、滔天のもうひとつの側面としてあった。もっとも、後年になって、滔天はこのような自らの青年時代のふるまいを自省しているが。

滔天を見るとき、とくに現在の目で見るとき、私には幕末の志士のようなイメージが浮かぶ。国事に奔走する志士の心中には、つねに現実のなかで葛藤するヒロイズムがあった。坂本龍馬にしても、高杉晋作にしても、このヒロイズムがバネになって行動への渇望が生まれていた。いや、それはいつの時代もそうなのかもしれない。私の青春時代でも、革命運動に熱中する学生には、理論などよりはるかにヒロイズムが支配していた感がする。しかし、滔天のヒロイズムは、自らをより苛酷な状況に追い込み、人が人に惚れるという一点において、もっとも人間らしい反逆者の伴走役だったというべきであろう。

孫文と宮崎兄弟の契り

明治三十年以後、滔天は孫文と知り合ってから、密かに孫文を連れて日本の朝野を歩き回り、革命資金の調達にエネルギーをつぎ込んでいた。孫文との会話は筆談だったらしいが、会話も充分でないのに意を通じあわせることができたのは、まさにこの時代に生きてともに心を共有した者同士の阿吽（あうん）の呼吸があったからではないか、と私には思える。

滔天は明治三十年の暮れ、荒尾まで孫文を連れていく。孫文を日本の田舎の空気にふれさせ、活力を養わせるためだった。清朝政府の意を受けた日本側の密偵がその動きをさぐっていたが、滔天はまったくそれを気にしていない風さえあった。平然としている度胸は生来のものというべきかもしれない。

前述したように、滔天の母佐喜は、自らの息子たちに乱世で生きよ、と勧めていた。男子たるもの、畳の上で死んではならない、という教えは——すでに明治政府の支配構造ができあがっていたこの時期、大半の母親ならわが子の身に教育をつけさせ、社会のヒエラルキーの上位に押し上げることを考えたと思うと——あまりにも衝撃的だ。よくもわるくもサムライの娘という血筋を引いていたからだろうが、この佐喜の心意気や国事に奔走する夫を構わず家庭を守る妻槌子の芯の強さに、滔天は支えられていたといえる。前述のように夏目漱石の『草枕』の那美のモデルだったといわれている槌子の姉卓子はなかなか奔放な女性だったが、槌子は家にあって夫を送りだすタイプであった。

滔天がそうした実家に孫文を連れていったのには、実は次兄の民蔵に引き会わせようとの魂胆もあった。「人は人によって人になる」との言にふさわしく、滔天は、孫文が革命家であると同時に次の時代のプログラムをえがく設計者として民蔵の知識を参考にしてほしいと願っていた。

民蔵は学問への志が深く、青年期にはフランスに学んでいる。中江兆民と親しく、このころの中江は東京にあって著述家という立場から民権思想の流布に努めていた。反して民蔵は故郷にあって、静かに読書にふけり自らの論の立論に努めていた。民蔵の関心は土地制度の改革という一点にあり、土地はすべて国民に解放すべしと主張していた。民蔵はパリに留学したときは、インテリの集まるカフェでレーニンと論争したこともあった。私有財産の否定についての論争だった。

滔天の予想したとおり、民蔵と孫文の会話はきわめてレベルが高かった。民蔵は自らの土地分配論の論文を孫文に示し、「これは日本ではとうてい実行できない。しかしあなたの国では必ず実行できるだろう」と持ちかけた。この論文は、孫文がまとめた三民主義のなかに「平均地権」という語で導入されている。民蔵の理論は孫文の現実政策のなかにとり入れられたということもできるだろう。

滔天は、知の部分を民蔵に託し、そのかわり、自分は情の部分で孫文と行動を共にすることを厭わないと覚悟を決めていたように思われる。

革命はたった一回成功すればいい

一九一一（明治四十四）年十月の辛亥革命は歴史の年表に残る革命である。ロシア革命に先だつ六年前のことだが、いずれにせよ、帝制を倒して共和制を誕生させたアジアで初めての革命であった。この辛亥革命は日本でももっと評価されてしかるべきだと思うが、現実にはそれほど充分に評価されていない。ロシア革命のほうがプロレタリア革命として、あまりにも劇的だからだ。加えて、辛亥革命では清朝政府の要職にいた軍人袁世凱が最終段階で寝返ったために、革命が成功したという経緯があるからだろう。

孫文とその同志たちは袁世凱をひとまずかつぐが、しかし独裁をめざす袁世凱は孫文とその一派の弾圧にのりだし、刺客を放ってその生命を狙う挙に出た。そのために辛亥革命は、一九一五年頃まで第二次、第三次と続くことになる。一九一一年の第一次辛亥革命の成功までに、孫文を指導者とかつぐ革命派は、都合十一回の決起を行っている。そのたびに清朝政府に弾圧され、その動きはつぶされている。

私の見るところ、孫文は何回でも決起しよう、いや蜂起し続けよう、革命はたった一回成功すればいい、との考えをもっていて、そういう考えをもとにして少しずつ清朝政府内部に同志を獲得していった節がある。清朝政府は一九〇〇年代に入ると、確かにその腐敗も疲弊も極に達していくが、それでも四億の国民を支配していた。軍備とて他国に比べると劣っていたとはいえ、革命軍の戦備などとは比較にならない。孫文を支えた日本人志士のグループは、乞われるままに武器の調達を図り、中国に送りこんだ。日本政府はときに孫文の革命勢力を利用して清朝政府に威圧をかけるかと思うと、一転して清朝政府に協力し日本国内にいる革命派の弾圧を試みるといった試行錯誤をくり返した。

革命はたった一回成功すればいい、それまでになんど失敗しようとも——という孫文の考えは、むろん滔天にも通じていた。失敗をくり返すたびに同志の死亡はふえる。見切りをつけて離れる者もいる。しかし、失敗自体がプロパガンダになり、革命派に合流してくる者もいる。むろん確固とした意思をもった者は、次の成功をめざして同志を獲得するための新たな方策を考え、より効果的な戦術を模索しはじめる。滔天もまさにそう考えていた。とはいえ、滔天はときに挫折しそうな絶望感を味わったこともあるが、それでも辛亥革命のそのときまで革命の志をもち続けたのである。

リアリスト孫文とロマンチスト滔天

孫文とその同志が第一回の決起を行ったのは、一九〇〇（明治三十三）年十月である。一般に、恵州起義といわれている。むろんこの決起はあえなく失敗してしまうが、しかし、日本人志士の何人かが起義を積極的に支援している。滔天はそのなかでももっとも重要な一人だが、この蜂起の全体図を事こまかに論じたところで、滔天の実像は充分に浮かんでこない。というのも、滔天の反逆者としての性格は恵州起義にあらわれているのではなく、恵州起義に至るある断面に投影されているからだ。

この第一回起義の前、孫文は清朝政府に追われていたために日本に腰を据えていた。かわって中国国内を動き回っていたのは、滔天だった。そのほかに平山周や玄洋社の内田良平がいたといわれるが、香港、上海、広州などを、もっとも熱心に回ったのは滔天だった。香港を出てシンガポールへ、そしてまた香港に戻ってくるという活動を続けていた滔天は、ついに香港政府から「今後五年間は香港への上陸は許さない」との宣告を受けた。危険人物視されたのだ。そのために恵州起義に直接参加するのは不可能な事態になってしまった。

この宣告を受けたのは恵州起義の四カ月前だが、香港に着いた佐渡丸のなかで、滔天や他の日本人同志、それに名を変えて乗りこんでいた孫文や革命を指導する幹部との間で打ち合わせが行われた。実はこの打ち合わせにおいて、孫文という反逆者、滔天という反逆者の性格が見事にあらわれた。中国人、日本人という民族的性格があらわれたといえるかもしれない。

この打ち合わせで、滔天は他の日本人同志とともに、「広東で決起するという方針に沿って、今すぐに武装蜂起すべきである」と詰め寄った。とにかく今起たなければならない、われわれはあなた（孫文のこと）に命を捧げるつもりでいる、日本政府とてわれわれの動きを察知している、起つのは今だ、と譲らない。滔天の『三十三年之夢』によると、孫文は日本人志士のなかでも滔天をもっとも信頼していることがわかっていただけに、滔天としてはなんとしても具体的な行動に出たかったのだろう。孫文は滔天のそのようなエネルギーに黙って耳を傾けていたが、やがて反論する。

「今、決起しようというのは飢えた虎の前に肉をさしだそうとするようなものだ」といって、性急な行動は意味がないと諭す。孫文はしだいに興奮し、声を荒げ、ときに手を振りあげてそのような言を吐き続けた。

すると、こんどは滔天が激して応じた。

「革命とは計算ずくで行うのではない。秀才、反を謀り（はか）て三年すれども成らず。孫君、それは君のことではないか」

「君は気がふれたのか。それならば、今、この船から海にとびこんで死んでしまえばいい。このほうが夜陰に乗じて九龍に上陸するという案よりいいほどだ」

孫文も譲らない。二人の口論のあまりの激しさに、やがて船室から中国人、日本人の同志数人が出ていってしまう。二人だけになった。孫文は滔天の膝を叩いて説得する。「君はいつの間にそれほど馬鹿になったのか」。滔天も応じる。「君こそ、いつの間にそんなに臆病になったのか」。二人はそうしたやりとりを何度もくり返した。

滔天の前述の書によると、孫文はこの三年間でもっとも信頼できる日本人を見いだしたという思いをもっていたといい、それだけに、滔天に裏切られたと感じたのか、説得の言葉を詰まらせて涙を流し始めた。それを見た滔天もまた泣いた。二人はお互いに黙したまま、ただひたすら泣き続けた。そして孫文はやがてその部屋を出て、自室に戻った。

滔天は他の日本人同志とともにデッキに出て、夜風にあたりながら、香港の夜景を見ていた。この船から見える上陸地点には、確かにイギリス警官や清朝政府の警官が立っている。蜂起は無理だ。誰がどのようにここを抜け出して、決起指令を待っている革命家同志にそれを伝えようというのか。滔天はここで、自らの性急さについて自省した。

そこで孫文の部屋の扉をノックした。孫文の手をにぎって自分の性急さを詫びた。

「孫君。あなたのいうとおりだ。これからはいつでも先生の命令に従います」と頭を下げ続けた。

辛亥革命に至るまでの十一回の蜂起のうち、その最初の起義の前にあったこのやりとり。私には、この光景がきわめて印象深く思える。この印象をずっと心中に引きずっている。反逆者と一口にいっても、そのタイプには基本的な差異があると感じられるのだ。日本人志士の性急さ、つまり情熱の赴くままにひたすら突っこんでいくのが日本人の反逆者の特徴ではないのか。もとより滔天を責めるわけではないが、日本は国家として反逆的行為に出るときもこのような特徴をもっているといえるのではないか。たとえば、あの太平洋戦争がそうだったようにだ。

こうしたタイプは革命家や反逆者に共通する性格で、何も日本人だけに限らないともいえるが、しかし情熱をもとに突っこんでいくタイプの裏には必ずリアリストとしての冷静な目で状況を判断する演出家がいなければならない。孫文はそうしたロマンチストとしての情熱とリアリストとしてのエネルギーをもちあわせていたことをこのやりとりは示している。滔天はロマンチストであるとするなら、孫文はロマンチストであると同時にリアリストでもあったといえるだろう。

恵州起義の失敗

当時、北京では義和団の乱（一九〇〇年）が起こり、北京に駐在し中国に利権をもつ八カ国がそれぞれの軍隊を編成して、北京に入城しようと画策していた。清朝政府は西安に本拠を移していたが、高官たちは停戦協定に応じようとしていた。

このような状況に、孫文は激しい怒りを覚えていた。むろん清朝帝政を打倒しなければならないが、八カ国軍の干渉にも屈辱を感じていた。したがって、滔天のように今すぐにでも起ちあがりたいとの焦慮感は強かったのである。と同時に、焦慮感だけでは革命は成就しないとの思いもあり、その板ばさみになっていた。しかし、「今」はやはりその機ではないと辛い思いで耐えていた。孫文の涙には、そのような意味があった。

恵州起義は、こうしたやりとりの四カ月あとに決行された。

この四カ月間を詳細に見ていくとわかるが、孫文に協力を表明していた日本人志士のなかには清朝政府の要人へのテロを主張して孫文の怒りにふれる者もいれば、革命のときを待つ間にエネルギーが枯渇して孫文から離れていく者もいた。この時期に孫文は、革命家としてのエネルギーの持続、いや反逆者としてのエネルギーを充満させていくことのできるタイプを、日本人志士のなかから峻別していたのかもしれない。だからこそ、滔天を涙ながらに説得したのだ。

一九〇〇(明治三十三)年十月六日、孫文は革命軍を指揮する鄭士良(ていしりょう)にあてて暗号電報を打っている。即刻決起せよ、というのである。この四カ月間に、孫文は滔天らとともに台湾総督府の後藤新平に武器弾薬や資金の提供を申し出ており、もとよりそうした援助は得られないにしても、暗黙の協力が得られるとの示唆も受けていた。もっとも、具体的に日本の官憲は表だって協力はしなかった。その結果、孫文は、日本政府に過大な期待を賭けたという事実が歴史の年表に刻まれることになった。

恵州の三州団には六百人の革命軍兵士、それに小銃三百、弾薬が九百あるにすぎなかった。この地を守備している清朝政府軍は、不穏な動きがあることを察知して、山あいに隠れるこれらのグループを包囲していた。とはいえ、政府軍の下級兵士には衣食の保障を理由に政府軍に加わった者もおり、それほどの精鋭部隊ではなかった。

決起した部隊は厦門(アモイ)にむかって歩を進め、ここを革命軍の拠点にしたが、行軍を始めると政府に不満をもつ農民が次々と加わり、革命軍兵士の数はふえていった。しかし武器があまりにも少なかったために、政府軍の攻撃で犠牲者を数多く生み、決起はあっけなく失敗に終わった。第一回の決起は、武器弾薬が少なかったこと、農民のなかには革命軍に同調する者が多いこと、などの教訓を生んで挫折したのである。

滔天は、この蜂起には直接加わらなかった。孫文からの指示で弾薬や武器の調達に走り回っていた。フィリピンの独立を支援するために日本国内に揃えていた武器を中国に回すため、日本人同志の間を走り説得したが、しかしそうした武器はすでに売りさばかれていて、孫文のもとに送ることはできなかった。滔天の胸中に、孫文への申しわけなさが高まっていったのはこのときからである。

雌伏十年、革命を支えた日本人

この蜂起失敗のあと、孫文たちはまた雌伏のときに入った。

一方、滔天もまた意気銷沈していた。日本人同志との間にも亀裂が生まれ、滔天は革命を急がせるだけのグループとは縁を切ったが、滔天自身、革命のエネルギーは一時的に萎えた。明治三十五（一九〇二）年には、秋山定輔の主宰する「二六新報」に中国革命をめざした経緯を書いたりしている（これがまとめられて、『三十三年之夢』となった）。革命に熱中して、宮崎家の財も使い果たしていた。故郷に置いていた妻子も東京に呼び寄せている。生活のために浪曲家となり、全国を回ってもいる。しかし、滔天の声は浪曲を吟ずるのに向いているとはいい難く、これも一家を成すには至っていない。

孫文は恵州起義に失敗したあと横浜に身をひそめていたが、滔天はその活動を支えながら、中国人留学生が「日本には宮崎滔天という志士がいる」という噂を聞いて駆けつけてくると密かに支援していた。そのなかに黄興（こうこう）がいて、改めて同志としての結びつきを深めた。黄興は学生の折りに革命団体「華興会」を結成し、清朝政府打倒を掲げて、一九〇二年に長沙で蜂起している。その蜂起に失敗し、東京に逃れてきていたのである。

黄興は東京で、やがて「二十世紀之支那」という雑誌を刊行するが、その黄興に孫文を引き合わせて革命勢力の結集を図っていた。

孫文、黄興、そして滔天は、次の蜂起のために、どのようなプログラムが可能なのかを何度も話し合った。そうしてまとまった結果は、革命のためには軍隊が必要であり、軍隊をもつことによって、政府軍の将校や兵士をも寝返りさせることが可能だとの判断であった。この雌伏の期間、滔天は孫文を自らの家にかくまい、日本政府が滞在を認めるように働きかけていた。しかし、日本政府が清朝政府に気兼ねして国外追放を決めると、滔天は孫文を神戸まで送っていき、客船に乗せ丁重に詫びてもいる。

その後も滔天は孫文に忠誠を誓い、人づてに伝わってくる指令を受け、日本軍の将校にわたりをつけて武器や弾薬を入手し、上海や香港にむかう貨物船の中に積みこんだ。船員たちもまた孫文の同志だったのである。

第一回の恵州起義のあと、日本人志士の多くはこの革命運動から身を退いていったにもかかわらず、滔天だけは中国革命のために援助をつづけ、その日の来るのを待っていた。孫文は滔天だけには仮名で東南アジアの各地から手紙をよこし、日本人志士のなかにはご都合主義で自分たちを利用する者がいると嘆いたり、しだいに勢力がふくれあがるにつれ、革命の同志のなかにも不純分子があらわれるようになったと愚痴ったりした。滔天は孫文から、良質な革命軍兵士と日本人志士との連合についてすべて君に全権を与えるので、峻別を行ってほしいとも頼まれていた。十回の蜂起に直接加わった日本人志士は多くなく、十一回目の蜂起のときにもそれほど日本人志士は加わっていない。しかし、彼らはいずれも滔天の目にかなう志士たちであった。

真の反逆者を真の友人は忘れない

明治四十四（一九一一）年十月の武昌（湖南省の旧州都で古来より軍事上の要地）から始まった蜂起は、清朝政府軍のなかからも相次いで離反する部隊がふえて、ついには成功した。

その成功を機に、日本人志士の間には自称、他称の「孫文の同志」が多数生まれ、中国にわたる者もふえた。それを苦々しく思っていた滔天は、孫文から「上海で会いたい」との連絡が入ると、すぐに上海に駆けつけて孫文と握手を交わし、その成功を祝した。孫文は日本政府を信頼していなかったが、このとき「日本人はこの革命をどう思っているか」と尋ねている。すると、滔天は「日本人の間にはすこぶる同情が盛り上がっています」とこたえた。しかし、孫文は、「真の同志は君を含めて十人に満たない」ともつぶやいた。

辛亥革命のあとも、孫文と滔天の友情と信頼は続いた。

滔天はもともと、孫文の中国革命によって共和制が実行されたあとに、その余力を借りて日本で革命を起こすことをめざしていたはずだった。しかし、滔天にはすでにそのエネルギーはなかった。滔天は孫文と強い絆で結ばれていたが、それを軸にしながらも二人はあまりにも多くの人間の弱さを見すぎてしまったのだ。革命を成すために、どれほど裏切りと不信がくり返されたことか。滔天は、心中から反逆のむずかしさを知った。革命を純粋に守りぬくためにはどれほど強い倫理観が必要であるかも知った。

その後、滔天の周辺にいた日本人志士のなかには、関東軍の機密費などで培養されて大陸浪人に転じていく者もあった。彼らは、大正末期から昭和初期にかけ侵略の尖兵（せんぺい）となった日本人といういい方もできる。もとより、滔天はそういう道を歩まなかった。

滔天は、大正十一（一九二二）年十二月六日に五十二歳で病死している。若いときからの身体の無理がたたったといえるかもしれない。しかし、滔天は〈反逆者〉としての生を貫いたという意味で、いいときに死んだのかもしれない。やがて日本は滔天の意思に反して中国へ軍隊を進め、孫文の理念を根本から崩していくからだ。滔天には耐えられなかっただろう。

滔天の死を知った孫文は「日本の同志よ……」と題するきわめて情感あふれる電報を打ってきた。真の反逆者を、真の友人は決して忘れないというのである。

これは滔天に対するなによりの労りの言葉であったろう。その言葉によって、滔天は歴史の年表のなかに勇気ある反逆者として眠ることができたからだ。

3

出口王仁三郎の譲らぬ闘い

出口王仁三郎（でぐち・おにさぶろう）
明治4（1871）年～昭和23（1948）年京都府生まれ。大本教の教団確立者。第一次大戦後の動揺期に組織を発展させ、独自の活動を行う新興宗教を生み出した。

近代日本史における出口の位置づけ

出口王仁三郎という宗教家は、近代日本の歴史のなかでどのように位置づけるべきなのだろうか。

私は平成七（一九九五）年に宗教法人大本を訪ねて取材を試みたことがあり、以来、王仁三郎という人物をどうとらえればいいのかを、つねに考えてきた。もとより私は宗教については深い知識をもっていないし、特定の教義や団体に関心を寄せてもいないので、宗教家を評する言葉をそれほど知っているわけではない。

ただ、大本の近代史を繙く（ひもとく）とわかるように、国家権力から二度にわたって弾圧を受けている。それもこの教団そのものを解体してしまおうとするほどの激しい弾圧であり、もとをただせば、教団を率いていた王仁三郎に対する国家権力側の恐怖に端を発しているのではないかと思われる。そうした事実を確かめた結果、私なりに選んだのが〈反逆者〉という言葉だ。王仁三郎はあらゆる意味で、反逆という語で彩られる闘いを試みたというのが、私なりの結論だ。しかも王仁三郎は単なる宗教家ではなく、近代日本の体制に霊的存在としての自らの信仰を通して闘いを挑んだ。その闘いが徹底していただけに危険分子とみなされたのだが、反逆者という位置づけこそふさわしいと思う。

大本教の出発点

大本とは、どのような教義をもつ宗教団体なのか。その発祥を辿ってみよう。

京都府綾部で暮らす寡婦の出口なおに、突然「神が降りた」。明治二十五（一八九二）年二月三日のことだ。「神が降りた」と、なおは神意を筆で半紙に書き列ねるようになった。なおはもともと文字が読めず、書けない。十歳で父と死別してからは奉公に出たために教育を受けていなかった。十六歳で大工に嫁ぐと三男五女を生み育てた。家運の傾き、貧乏、夫の浪費、そして夫の死。相次ぐ不幸に、なおは人生そのものに諦観にも似た気分を抱くようになっていた。そのなおが、突然神がかりになり腹からは声を発し、手に筆をもって文字を書き出した。その文字のなかには、「三千せかい　いちどにひら九　うめのはな　もとのかみよに　たてかえたてなおすぞよ　すみせんざんにこしをかけうしとらのこんじんまもるぞよ　めいじ二十五年しょうがついつかで九ちなを」という一節があった。出口栄二の『大本教事件』（一九七〇年刊）という書からの引用になるが、これは、「この神は三千世界を立替え立直す神じゃぞよ。三千世界一度に開く梅の花、艮の金神の世になりたぞよ。とどめに艮の金神が現れて三千世界の大洗濯を致し、一つに丸めて万劫末代続く神国に致すぞよ」という意味になるという。

近在では、なおは気がふれたとみられた。しかし、半紙に次つぎと神意を書き列ねていった。明治二十六年になると、「からとの戦争があるぞよ」と日清戦争を予言したりするなど、なおの予言はともかく実際によくあたった。当初は金光教の布教師と協調関係にあったというが、この布教師がなおの書いたものを隠してしまったりするので、なおは明治三十（一八九七）年四月に独立の教会をつくった。これが大本の出発点であった。

なおは、大正七（一九一八）年十一月六日に八十一歳で亡くなるまでの二十七年間、神意を紙に書きつづけ、それは約二十万枚、およそ一万巻に及んだという。大本では、これを「お筆先」と称して、本部の金庫にいまなお保管している。

この新たに発足した団体は、当初は近在の人びとがなおの予言に関心をもつほどの広がりしかもっていなかった。ところが明治三十一（一八九八）年十月にひとりの青年が訪ねてきて、なおと面会する。神の霊示を受けて面会にきたのだという。この青年は上田喜三郎といったが、なおが神意を受けると「おにさぶろう」というお筆先があらわれた。それで、王仁三郎（「わにさぶろう」ともいう）と名乗ることになった。大本はこのときから拡大期に入っていくのである。

なおと王仁三郎の運命的な出会い

王仁三郎はやがて大本の教祖となり、この宗教団体に独自の行動様式をもち込み、近代日本の天皇制と対峙するという闘いを挑む「反逆者」になった。明治三十一年十月になおのもとを訪れるや、王仁三郎はすぐにこの教団内部に住みつき、明治三十三（一九〇〇）年一月にはなおの末娘すみと結婚して、出口姓を名乗り、出口王仁三郎と正式に改名した。

王仁三郎は、明治四（一八七一）年七月に現在の京都府亀岡市の穴太（あなお）で生まれた。上田家はかつては栄えていたにもかかわらず、一説によれば放蕩者が相次いだために没落、王仁三郎の誕生時はあばら家になっていたという。貧農のなかで勉学をつづけ、十三歳で小学校の代用教員勤めもした。出口栄二の『大本教事件』によれば、その幼年期から青年期にかけて、「貧困、小作労働、代用教員、勉学、信仰、恋愛、喧嘩、父の死など、めまぐるしいばかりの人生体験のなかで王仁三郎の素質はみがかれ、人間が形成されていった」という。要するに、少々頭のよい青年だったわけだが、明治三十一年になおのもとを訪ねたきっかけは、父の死にあったという。青年期には正義感から近在のならず者や地主を相手に喧嘩を繰り返したらしいが、その場合でも社会的不公正への怒りが根底にあって、貧者の味方という姿勢を崩さなかった。その王仁三郎が霊感を受けて、なおのもとを訪ねたというのだ。

宗教や信仰にそれほど関心のない者が、教団を率いた教祖についての書を読んでいくときに必ず出合うのは、彼らが霊感を受けたというエピソードだ。そういう霊的体験に疎い者は、「そんなものかなあ」と思う以外にない。現に、読み書きができなかったにもかかわらず急に文字を書き出したという出口なおのエピソードには、私も奇妙な感をもつが、しかし、そういう人知には計り知れないこともあるのかもしれない。王仁三郎にもまたそのような霊示があって、なおを訪ねたというふうに大本関係者の著述には描かれている。

この霊示をもう少し具体的に見ると、王仁三郎は、あるとき（明治三十一年旧暦二月九日）、とくべつの考えもなしに家出をしたという。この部分は、王仁三郎の直孫である出口京太郎の『巨人　出口王仁三郎』という書から引用したほうがわかりやすいだろう。それによれば、王仁三郎の家出のあとの記憶は郷里の高熊山の岩窟に端然と座っているところから始まる。そして、

「喜三郎（注・王仁三郎の旧名）はまったく次元の異なる別世界にはいっていた。彼の

意念はさながら鳥のように思うさまつばさをひろげて自由自在に飛びまわる。明鏡止水の静けさも熱狂の乱舞も意のごとく実現した。インスピレーションと法悦の境に彷徨し、そしてまた祈りと修坐の世界に身も心もすいよせられていく。そして、祈念しているうちに夢とも現ともつかぬ世界に旅している。喜三郎は一週間、とうとう断食したまま岩の上に坐りつづけてしまった。気がつくとジュバン一枚のままがんばっていたではないか。この高熊山における霊的な大きな修行から、喜三郎はいわゆる神がかりの状態となる。（以下略）」

というのである。

このような体験をもった王仁三郎となおの出会いによって、大本は教団としてひとつの形をつくっていく。なおは六十二歳で、王仁三郎は二十八歳だったという。なおの性格が陰とすれば、王仁三郎は陽、剛に対して柔という比較もできる。そして、なおと王仁三郎のふたりの間には、義理の母子関係が生まれ、王仁三郎の学識をもってなおの教義が整理されていった。教団名も大日本修斎会と改めた。

なおのお筆先は予言と終末観に彩られているが、王仁三郎は「神教宣布に使命を感じ、憂国慨世の情」に燃えた。そして、大日本修斎会の名のもとに大本は多くの信者を獲得していった。明治末期から大正初めにかけてのことだ。会則を定め、講習会を開き、文章による布教活動を行うと同時に、教団内で講師を育成し、その講師が布教の前線に出ていくといった新しいタイプの教団を形成したのだ。

新しいタイプの宗教家

王仁三郎は、有能なオルガナイザーでもあった。加えて布教活動でも独自のスタイルをつくりあげた。大正三（一九一四）年九月には、直霊軍を結成し、羽織、袴に襷をかけ、長髪にスゲ笠、わらじに脚絆という風変わりな出で立ちで、幟を押したてて宣伝活動を行った。この布教部隊には、騎馬姿の者もいれば、太鼓を打つ者など、とにかくその布教戦術は人目を引いた。そして大正五年には、名を「皇道大本」と改めて、王仁三郎はその教義の体系をまとめた。

王仁三郎が、なおの「お筆先」をもとにつくりあげたこの大系は、のちに『霊界物語』として全八十一巻にまとめられた。また、なおは万を超えるほどの和歌や説示も発表している。いずれもそこには予言がこめられており、わかりやすくいうと、以下のような内容だ（前掲の出口栄二著『大本教事件』を参考）。

〈いまの時代は——それは明治期から大正期にかけてということになるが——ありとあらゆる悪と汚濁が存在する。これは「崇徳天皇以来二千年間の和光同塵の政策」によって真正の皇道が隠されてきたからだ。真正の皇道とは何か。それは、「我が皇祖及び神祖の教示し給える天理人道の根本義」であり、「天下を統治する神法法則」であり、そして、「人の世に処する根本法則」である。いまの時代のように痛苦に病む時代にあっては、この真正の皇道（国祖）を再び世にだして、世直しを行わなければならない。皇道実現のみろくの世を実現するために大本は生まれ、そして人びとを覚醒させる役割を担っているというのであった〉

大正維新を唱えた王仁三郎は、「神の教を地の上に実現する」という使命感のもとに信者をふやし、なおの予言を宣伝し、それだけでなく、大正八（一九一九）年には明智光秀の亀山城趾を手に入れて布教の中心に据え、翌年には大阪の日刊紙大正日日新聞を買収して社会の目を引いた。当時、そういう派手な活動を行う教団はなかった。大正日日新聞が一教団によって買収されたとわかると、官庁によっては「大正日日新聞の記者による取材の拒否」という貼り紙を出したほどだった。とくに大阪朝日、大阪日日といった有力紙に次ぐ新聞だっただけに、大阪の新聞人との間でも軋轢が起こった。

ただ、この大正日日新聞は、日々起こる社会現象に対して霊的観察を加えて独自の批判を行い、そのために庶民の間で評判になったのも事実だった。王仁三郎のそれが戦術だったのである。

しかし、王仁三郎はそうした戦術を単に無計画に進めたわけではない。つまり、王仁三郎なりの計算があったのだ。すでに大正十（一九二一）年ごろには、皇道大本という教団名は世間でもよく知られるようになり、とくに既存の教派神道を批判する言の強さのせいもあって、政治家や教育者、それに言論人などから警戒気味に見られていた。王仁三郎はこうした敵の存在も意識したうえで、あえて挑戦的な態度をとった。

王仁三郎の周辺にいる幹部たちは、国祖による世直しが大正十年には実効性をもつと説いていた。大本関係者の表現を借りれば、それは「いわゆる立て替えの『大正十年説』である」という。この説を必ずしも王仁三郎は支持していたわけではないが、終末思想を説きつづける限り、そのような説を人びとに説く幹部が生まれても仕方がなかった。王仁三郎もまたそういうエネルギーを戦術の一方法として黙認する節があった。こうした戦術と『霊界物語』の予言性に引きつけられて、皇道大本には大学生や文化人などの知識人がふえていった。王仁三郎の説く「この世は悪と汚濁にまみれている」との怒りに共鳴したからだともいえる。しかし、皇道大本が東京にも進出し、軍内部にも広がり始めたために、軍の上層部では「大本信者は軍内から一掃する」との声明をあえて発表しなければならなくなった。

軍内では、赤化兵士と大本兵士が危険分子扱いされるようになった。大本の説く「立て替え」とか「世直し」は、まさに革命思想と一体だと判断されたからだ。いや、それは世界戦争をも予言していると受け止められたからだ。王仁三郎は、「日本と世界の戦争がおこるということは、お筆先にも書いてありますし、また私もかく信じております。……世界の立て替えは日本対世界の戦争よりはじまり、その戦いであるという意味であります」と答え、戦争そのものが単に軍事だけでなく、産業、文化、歴史を含んだ総合的な戦いになると説いた。そのために、日本には「皇道大本」にもとづく立て替えこそが必要だというのであった。

王仁三郎の「世直し」論

王仁三郎の説いた世直し論は、確かにこの時期（大正時代）に強い訴求力をもった。その理由を分析してみると、以下のようになるのではないか。

大正十年に至るまでに、人類史は第一次世界大戦という未曾有の体験をしている。日本は国家として全面的に戦争に加わったわけではないが、それでもこの第一次世界大戦はそれまでの戦争と大きく異なっていることは伝わってきている。戦闘員が局地的な戦闘をする旧来の戦争にかわって、国家の体制すべてをかけた戦略に切り変えねばならなくなった。飛行機、戦車、それに毒ガスまで登場しての相手国側の殲滅作戦に及んでいる。しかも戦争の悲惨さは敵味方に関係なくすべてに及ぶ。非戦思想が生まれ、ヒューマニズムを根幹とした新たな価値観がつくられていく。第一次世界大戦後、欧米諸国には革命が起こり君主制は共和制に変わっている。日本にもそのような思想が入ってきた。

加えて、日本は第一次世界大戦時には好況であったが、戦後になると一気に景気が悪化し、労働争議が起こったし、小作争議もまた増加した。そうした社会主義的な動きの中で、天皇制打倒を掲げる団体も生まれる。

こうした大正デモクラシーと称される思潮に対して、国家主義陣営もまた危機意識をもち、赤化防止や日本主義の賞揚に努めるようになった。つまり大正八（一九一九）年、九年、そして十年という時期は、さまざまな面で価値観の変化が起こったときであった。

王仁三郎とその信仰は、そうした中でいわば国家主義陣営の側に身を置いていたとはいえ、そうした陣営の思想家や活動家と大きく異なっていたのは、なおの「お筆先」によって描かれる予言を信仰し、それにもとづいて行動を起こすという、そのエネルギーの強さにあった。「立て替え」の予言が、大正十年に照準を合わせていることを知った当時の権力側内部で、大本の弾圧が真剣に論じられたのも当然といえば当然であった。

大正十年二月に検事総長の平沼騏一郎は、官憲側が収集した資料にもとづいて、大本を国家転覆を図る危険な団体とみなし、王仁三郎をはじめとする幹部の一斉検挙にふみきることを決定した。いわばこれが、大本への、いってみれば王仁三郎への第一回目の国家からの弾圧だった。

この年二月十二日の明け方、京都の綾部にある大本本部に警官隊が踏みこみ、幹部が逮捕された。夜半から密かに大本本部の周辺を取り囲み、書類などの証拠品をもちださないよう監視するなど、不敬罪、新聞紙法違反という容疑にしては、あまりにも大がかりな逮捕劇であった。

王仁三郎はこのころ大正日日新聞社に寝泊りして広宣流布の先陣に立っていたが、やはりこの日、逮捕されて綾部署に送られた。

皇道大本は、当時の新聞によって徹底的に叩かれた。この教団は、国体を危うくする秘密教団であるとか、内乱の準備のために竹槍十万本を用意しているとか、地下に秘密室があり、そこには死体が山積みになっているといった無責任な噂話が次々と紙面を飾った。実際は、教団には、内乱の準備もなければ死体の山積みという事実もなかった。大本の信者はむしろ、なおのお筆先であらわれていた「大正八年の節分がすぎたら、変性女子（王仁三郎のこと）を神が御用に連れまいるから、びくともせずに平常のとおり、大本の中の御用を役員は勤めておりてくだあされ」という大正七年十一月六日の死の前の言があたったと考えていた。なおは、「これもみな神さまのお仕組みでございます」とこの逮捕劇をすでに予言していたというのである。

霊力とカリスマ性

皇道大本の信者は、自らが身を置いている現世のこの法体系を超える精神世界をもっていたというべきかもしれない。

さて、以上のような大本の第一次弾圧までを俯瞰してみて、当然なことに幾つかの疑問がわく。それは、京都の一地方に起こった土着の神道に対して、それほど長いとはいえない期間に、なぜ国家の中枢までが危機感を募らせたのか、教団の発展は社会状況とお筆先による予言とがたまたま一致していたからではないのか、という疑問だ。俗ないい方をすれば、所詮は地方の一教団ではないか、との疑念さえ浮かんでくるだろう。

そうした疑問、疑念を解くには、王仁三郎という人物の特異な能力とカリスマ性を見なければならない。王仁三郎は前述のように、霊示を受けるほどのとぎすまされた感性と、自らの言動が社会でどう位置づけられるかを計算する知性とをもち、その上に、なおの予言をさらに伝達していく催眠的、法悦的な能力をもっていた。王仁三郎の周囲に近寄ると、そこから発せられる熱気に魅せられて、取材に来た記者でさえやがて信者になってしまうケースが幾つもあったという。

王仁三郎は、第一次弾圧のときの法廷闘争をまったく奇妙な論理で戦った。

それは神示や神霊の赴くままにという姿勢であり、予審判事が、王仁三郎の書いた神論の中には、天皇を愚弄する表現が多いではないかと問うと、逆にそのような発想こそ不敬にあたるのではないかと反論し、自らの神論を説いて法廷を大本の教義の説明の場に変えたりした。そのために公判は、あるときから「一般傍聴者の傍聴は禁止」という処置がとられた。

王仁三郎は、裁判が始まったときはすでに保釈され、法廷闘争では神霊論争にもちこむなどの策を弄しながら、その一方で、八十一巻の『霊界物語』の執筆を始めていた。権力から弾圧されることで、大本のもつ神秘性こそこの教団の重要な柱になると自覚したからだった。

大審院は、大本の神殿をそのまま置くと再び信者が集まりかねないと判断し、明治五年の古めかしい通達（「無願の寺社を建立すべからず」）をもちだして、徹底して解体するよう命じた。一週間にわたってつづけられたこの解体工事には、警官や在郷軍人に加えて、武装した歩兵三個中隊まで動員された。根こそぎ大本の建築物を地上から葬ってしまえという意思がそこには現れていた。先に紹介した出口京太郎の『巨人　出口王仁三郎』では、「これだけ見てもいかに権力側が大本をにくみ、かつ大本の力を恐れていたかが理解できる」と書いているが、それは確かに当たっていたといってい い。

神示の創作『霊界物語』

王仁三郎がまさに神がかりの状態で『霊界物語』を書いたのは、こうした目に見える建造物を失うことにより、信者の縁としての紐帯(ちゅうたい)を必要としていたからであった。この『霊界物語』は、宇宙創造から死後の世界、そして天上界から地獄まで、つまり人間存在にかかわるそのすべてをまとめあげた宗教書ではあったが、思想書の意味もまたもっていた。実際に、大本が現在に至るも知識人の間に一定の影響力をもつのは、この壮大な宗教書、思想書のおかげだともいえる。王仁三郎自身はこれを「神示の創作」と称し、その第一巻の冒頭で、

「いよいよ、みろく出現のあかつきとなり、みろくの神下生として三界の大革正を成就し、至仁至愛の教えをしき、至治太平の天則を掲示し、天意のままの善政を拡充したまう時期に近づいて来た（傍点・保阪）」

と述べている。「天意のままの善政」とは、大本の教えにもとづく人びとの救済という道をさしていた。むろんこれは、当時の天皇制国家という政体とは異なっていた。王仁三郎はこの書をまとめるにあたって、自らの口からついて出る語を認（したた）めていくために、常時二人から三人の速記者を周辺に置いていたという。ときには寝床に横になったまま口述した。二日で一巻分の四百字詰め原稿用紙千二百枚をまとめたというから、その能力は並み外れていたということだろう。その叙述もこれまでの漢文調にかわって平易な口述体に変えただけでなく、脚本風だったり、歌詩仕立てであったり、さらには漫談口調であったという。当局を刺激しないように、比喩を用いたり、ときに抽象的に語ったのは、王仁三郎が国家と裁判を通じて戦っている途次にあったからだ。

こうした書は、一巻分がまとまると、すぐに大本の出版部（天声社）から一般向けに発売された。各巻とも一万部は売れたというから、信者は決して減ったわけではなく、むしろ弾圧されることでかえって知識人の間で関心が高まったということだろう。

王仁三郎は、神意の啓示などの語を使って、日本の天皇制の将来についてきわめて厳しい見方を示した。大正十三（一九二四）年十二月に刊行された第六十七巻の「浮島の怪猫」という章で、それをにおわせているといわれている。その内容を繙けば、ハルの湖に突出するもっとも高い岩山を、国びとは浮島の峰、夜光の岩と称していたという。波切丸に乗った船客は、この島についてさまざまな批判を試みるのだが、

「あの岩島は、いろいろの神秘を蔵している霊山で、岩のてっぺんに日月のごとき光がかがやき、月のない夜の航海には灯明台として尊重された万古不動の山です。しかし、年と共に光がうすらぎ、いつのまにか湖水の中心から浮き草のように東へうつってしまったのです」

とか、

「むかしはあの山の頂きに、とくに目立って、仁王のごとく直立している大岩石を、アケハルの岩ととなえ、国の守り神さまとして国民が尊敬していたのです。それが今日では、少しも光りがなく、いつ破壊するかわからない。今は大黒岩と人はよんでいますが、大黒主の天下もあまりに長くはありますまい」

という具合だった。やがて岩が頂きのほうから下にむかって歩き始め、そして逃げていく。それは石ではなく、牛のような虎猫であった。そして浮島は右に左に揺れ、

海底に沈んでいったというのだ。

確かに、意味深長ないい回しである。出口栄二の『大本教事件』によるなら、これはまさに天皇制の将来を予測したものだという。その言に従うならば、なおのお筆先を時代に即して語った王仁三郎の心理の底には、やがていつか天皇制は海底の中に沈んでいくとの予言があったのだろう。

王仁三郎は国家権力に弾圧されたために、「天意のままの善政」という語でもって、天皇制国家と戦うことを意図した、と私は推測している。王仁三郎は冗談もいい、人柄はいかにも温和で、そして実際に王仁三郎と接した人たちはその話し方、物腰にカリスマ性を感じたというが、しかし、それは表面に見える外貌にすぎず、その内面では国家との新たな戦いを予期していたのではないかと、私には思える。

「世界はひとつ」の信念

王仁三郎は、皇道大本を国内にとどめておくだけでは限界があると考えたらしい。人間存在そのものについての予言を単に国内だけにとどめおいてしまえば、発展性がないと判断したのだろう。王仁三郎は、エスペラント語に関心を示した。エスペラントは人工的な国際語といえたが、大正期には日本でも一定の影響力をもっていた。大正末年には、パリで「国際大本」というエスペラント語による機関誌も発行している。しかし、これはそれほど長くはつづかなかった。エスペラント運動そのものが、王仁三郎の予想したような広がりをもたなかったためだ。

さらに王仁三郎は大正十一（一九二二）年に、第一次弾圧の公判中であるにもかかわらず、信者の青年を引き連れて日本を脱出し、蒙古に出かけている。『霊界物語』で明かしたように、世界にむかって飛躍していく旅立ちであった。東北三省での軍閥の争いにまきこまれ危うく命を失いかけ、やっと日本に戻ってきたが、しかしこのような並み外れた行動は王仁三郎にとって特別に構えたものではなく、思いついたら実行に移さずにはいられない性格と、神意が示しているとの信念にもとづいていた。端的にいえば、王仁三郎にとって「世界はひとつ」だった。

王仁三郎は、官憲を恐れていないという意味では相当に度胸が据わっていた。

王仁三郎は他者に対してとくに遠慮せずに接したようだが、その天衣無縫に見える性格は第一次弾圧のあとだけに意図的に演じられたのであろう。素っ裸で人に会ったり、初対面の人とも猥談をしたり、法廷でも平然と猥談を喩えにひいて自らの胸中を語ったりもした。結局、王仁三郎と大本の幹部は、昭和二（一九二七）年には免訴になり、再び布教活動の自由を与えられたが、それからは四六時中、官憲の監視を受けながら布教活動をつづけなければならなかった。

法律上は一定の制限つきとはいえ、ある程度自由な布教活動の機会が与えられると、王仁三郎のもとに多くの信者が集まった。どのような根拠によるかはともかくとして、王仁三郎は昭和三（一九二八）年を「此世初まってから五十六億七千万年目に相当する」と称し、自身が五十六歳と七カ月に達する三月三日は「みろく菩薩が高天原に下生」したとして、「みろく大祭」を行った。なおのお筆先には、明治期から「みろくの世」とか「みろくの神」といった文字があらわれていたが、それは王仁三郎をさしているということになったのだ。

このときから、皇道大本は新たな出発を始めた。大正十年にあれほどの弾圧を受けたにもかかわらず、新たな活動で信者はふえていった。実際に王仁三郎は西日本地区をまわり、昭和三年の後半には北海道や樺太、千島にまで足を伸ばした。しかも都市だけでなく、農漁村、山村にまで布教の旅をつづけ、そうした地でも有力者が王仁三郎を訪ねてきたという。もともと事業の才能にめぐまれていたとはいえ、王仁三郎は、文書による宣伝活動に熱心で、「神の国」「真如の光」といった定期刊行物のほかに、単行本やパンフレットなども相次いで刊行した。日刊の地方紙などの経営にも手を伸ばし、弁論部、音楽部など、それこそ人びとの感情に訴えるメディアであれば、どのような手段を弄してでも手に入れ、『霊界物語』に記されているなおのお筆先を平易に説いた教えを庶民に語りつづけた。

もとより王仁三郎の説く教えには、官憲や軍部には目障りな内容も多かった。たとえば、「戦争」について、王仁三郎が説いた内容はあまりにも露骨に、「神のもとには人類は平等であり、その人類を殺害する戦争は罪悪」という点が強調されていた。これは論理でもなく、教えでもなく、あまりにもあたりまえのことだというのが王仁三郎の主張であった。

このころの宗教家のなかには、天皇が宣戦布告した戦争はつねに正義の戦争であり、それは罪悪ではないと主張して軍部に媚態（びたい）を示す者もいたが、王仁三郎はそれに真っ向から反対した。

昭和六（一九三一）年九月の満州事変を機に日本は軍国主義の道を歩むが、王仁三郎はそういう道に確かに反対していた。大本関係者の書いているところでは、王仁三郎は、「海外列強の情勢は表に人道平和を高唱して、内に軍備の拡張と装備の改善を急ぎ、相率いてその鋭鋒を皇国に向けんとするの気勢を示すものあり」といって、日本は外圧を受けて危機的状況にあることを訴えてはいた。しかし、なおのお筆先には、明治三十六年に、「ろこく斗りか亜米利加迄が、末に日本を奪（と）る企画（たくらみ）、金と便利に任せつつ」とあらわれていたというし、大正六年には、「今の世界の国々は、御国に勝りて軍器を、海の底にも大空も、地上地中の選み無く、備へ足らはし間配りつ、やがては降らす雨利加の、数より多き遊具秘に、打たれ砕かれ血の川の、憂瀬を渡る国民の、行く末深く憐みて……」とあらわれていたという。王仁三郎はこの予言を絶対的なものとして信じて軍国主義への道を防ごうとしていたというのである。

昭和十年「立て替え」の予言

こうした状況をふまえて、王仁三郎は再び「昭和十（一九三五）年」を危機状況ととらえた。いわば、「立て替え」の期にあたるとしたのであった。

王仁三郎はそうした危機感のあらわれとして、昭和九年七月に、昭和神聖会を結成した。しかも、東京・九段の軍人会館においてである。この神聖会運動はむろん皇道大本だけの運動ではなかったが、その中心には王仁三郎が坐っていた。そしてこの運動もたちまち地方に支部ができあがり、賛同者は実に八百万人にまで及んだ。ただ、この運動は折りから天皇機関説排撃運動を進めていた国家主義陣営も加わったために、王仁三郎の説いたお筆先はその数字ほど広がりをもったとはいえないが、しかし、ともあれ現状を打破するエネルギーを生みだした。

皇道精神のみが叫ばれたとき、王仁三郎は「それではいけない。皇道とは神より発せられた道であり、神と一体化することで初めて皇道の意味がわかる」と説いて、昭和神聖会のなかでも単純なファシストとは一線を画していた。その論を究極までつめていけば、当然ながら、天皇制との対立という道筋が明らかになる。

検察当局は王仁三郎の言動に注意していただけでなく、教団内部にスパイも放ってその言動を監視していた。こうして昭和十年十二月八日未明、大本は再び警察によって取り囲まれ、別院と称する建物にいた幹部などが逮捕された。王仁三郎は島根県に布教にでかけていたが、そこで逮捕された。このとき大本関係者で取り調べを受けた者は、一千名を超えたといわれた。逮捕の容疑は治安維持法違反であった（昭和十七年に無罪となった）。

この逮捕劇はまったくのデッチ上げで王仁三郎の個性を恐れた検察当局の勇み足だったが、王仁三郎は法廷でのやりとりで信仰を軸にした答えを返し、判事や検事の挑発にはのっていない。たとえば、次のようなやりとりがあった。

裁判長　立テ替エ立テ直シハドウイウ方法デスルノカ。

王仁三郎　神サマガヤルノデ、人間ハソレヲ聴イテ知ラスダケデスワ、イママデノ精神ヲ改良スレバ心ノ立テ替エ立テ直シデス、ツマリイウタラ人間建築トイウ……今日ノ言葉ノソレナンデス。

裁判長　チョットモウイッペン。

王仁三郎　人間ノ建築トイウコトヲイマノ［ハイカラ］ガイイマッシャロ、ソレミタイナモノデリッパナ人間ヲ……（以下略）

こうした法廷でのやりとりを見ていくと、王仁三郎は、ときに関西弁のまま裁判長に人生問答を挑んでいる。検事団は、王仁三郎が内乱を企画し、この国の支配者になろうとしているとつめよるのだが、そんな言にも王仁三郎はまったくとりあっていない。

避けられなかった天皇制との衝突

王仁三郎は、なおのお筆先を通してみえた世界を霊の世界とし、そこに現身の人間はいつか帰っていくとし、その霊の世界には神の道がつづいていて、そこを辿って歩いていくとする。この世には悪や因業がただよっているが、それは救済にあたるべき神を隠しているからであり、われわれはそれを今この世に引き出そうとしている、というのが王仁三郎の説いた説法だった。徹底した現実批判は、そのまま、天皇制国家の描いている国家像を次々と否定することに通じていた。

王仁三郎は、人間本来の心奥に眠っている霊性を信じ、自らをつうじてそれを証明しようとした反逆の徒だったといえるだろう。そう見れば、王仁三郎は近代日本のある時期に天皇制国家と衝突せざるをえなかったひとりの宗教家だった。また自己に忠実だったという一点においては、彼は今なお私たちに、「人間」の霊性について問いを発しているのである。

王仁三郎は昭和二十三（一九四八）年一月に七十七歳で病死したが、大本の開教の地である綾部の墓地に眠っている。この地は霊界と現界の接点の意味をもっているというのが、大本の教えと聞く。

4

田中正造の抵抗精神の核

田中正造（たなか・しょうぞう）
天保12（1841）年～大正2（1913）年栃木県生まれ。政治家。議会で足尾銅山鉱毒問題の解決に奔走。1901年天皇に直訴。公害反対運動の先駆者として知られる。

天皇に直訴した男

田中正造の名が改めて世人に関心をもたれるようになったのは、昭和四十年代のことだ。高度成長経済によって日本人の生活環境は飛躍的に整備されていったが、それに伴って環境破壊もまた予想外に進み、公害というマイナスの語が浮上してきた時代だった。

近代日本の公害反対運動の先駆者として、足尾鉱毒問題にその半生をかけたヒューマニストとして、あるいは農民の側で戦った聖者として、田中の名は喧伝（けんでん）された。研究者の間では、『田中正造の世界』という季刊誌も刊行された。私自身、この期の田中正造について書かれた書にふれ、このような人物が日本にも存在した事実を知り、驚き、そして感激したことを覚えている。

田中は、天保十二（一八四一）年十一月に生まれ、大正二（一九一三）年九月に病没している。七十一歳の人生であった。田中の人生のクライマックスは、明治三十四（一九〇一）年十二月十日の天皇への直訴事件である。田中は幸徳秋水に執筆を依頼した直訴状を懐にして、議会開院式を終えて皇居に戻る明治天皇にむかい、拝観人の列からとびだしてその直訴状を手わたそうと試みた。しかし、警備の警官に制止され、この試みは失敗に終わった。すぐに田中は麴町警察署に連行されたが、警備当局も政府も狼狽してしまった。というのは、田中は明治二十三（一八九〇）年の総選挙から、三十四年の一月まで一貫して衆議院議員だったからだ。田中は議員として、足尾銅山鉱毒問題を質し続けたが、議会内での解決がほとんど無理な状態であることを知って議員を辞職していた。こうした事情に加えて、「直訴」という罪名もないために、政府は田中を精神異常であるといって、この日の夕方には釈放している。政府も本心では、田中をどのように扱っていいのか、困惑していたのである。

明治天皇への直訴事件は、田中が六十歳のときに起こしたものだが、この行為自体は田中にとって多様な意味をもっていた。正直なところ、田中を反体制の公害反対運動家として位置づけたい論者は、この行為を田中の汚点のように語ったりする。「天皇制に屈伏する行為」とか「単なる戦略上の拙劣な策」といった具合である。はなはだしい場合は、田中のこの行為を追いつめられたあげくの愚挙とか、とくにその行為は無視するといった反応を示す。こうした枠組みで田中を捉える視点が、昭和四十年代の田中正造論には見られた。だが、こうした見方は必ずしもあたっているわけではない。むしろ、田中には失礼ではないかと私は思う。

田中のその一生を貫くものは、作家の佐江衆一が評する「馬鹿正直なまでの一途さと無垢な人柄」だった。私もこの語のとおりだと思っており、さらにそのうえ、田中は己れを捨て、救民のためにその生涯を使い、そして自らは官位栄達を求めることなく、ほとんど野垂れ死にの状態だったことをつけ加えてもいいだろう。このような人物をどのていど歴史の中にかかえこんでいるかで、それぞれの国の歴史の重さが違う。近代日本の歴史において、このような人物を数多くかかえこんでいれば、歴史の重みは増すと思うのだが、残念ながら日本にはそういう人物はそれほど多くない。この国の歴史にふくらみがないのはそのせいだといってもいいであろう。

もし田中のような真っ正直で救民の意志をもつ人物が、近代日本のなかに百人単位で存在していたなら、次代の者は胸を張って先達の歴史を語ったことだろう。

思想より感情の人

田中はどのような環境で育ったのか。田中には、『田中正造昔話』という自らの半生を語った書がある。その冒頭がそのことをよく語っているので引用しよう。

「予は下野の百姓なり、天保十二年十一月を以て安蘇の郡小中村に生る、幼名は兼三郎と呼び、父は富蔵母はさきという、祖父正造より名主を勤めて家世々六角家に属せり、六角家は徳川時代の高家にして下野武蔵の一部を領し秩禄僅に二千石（実地収入二千六百石）なるも威格は万石の上に誇り、当時の領主越前守殿は従五位下侍従たり、賢明にして領内大に治りぬ、左れば予も其余沢に因り郷里相当の教育を受けたけれども性来の魯鈍遂に師父の志を満す能わざりしは今猶省みて衷心忸怩たらずんばあらず。（以下略）」

田中は、下野国安蘇郡小中村、つまり現在の栃木県佐野市小中町に生まれた「百姓なり」というのだ。これが田中の生涯を支えた自らの核だったのである。

その後、漢籍を私塾で学んだあとに小中村六角家知行所名主になった。十九歳だったという。この六角家領主の不正を先頭に立って追及し、数カ月間入獄している。名主家にありがちなもめごとといえばそれまでだが、このときの田中は、俗ないい方をすれば、欲に駆られた一派に巧みに罠にはめられた気がしないでもない。直情径行的なタイプの人間の行為が問われたと、客観的な分析をしてもいいであろう。田中はその生涯において四回入獄しているが、このときがまず一回目であった。

田中は明治二（一八六九）年に出獄すると、在所に住むことが許されなかったために岩手県にわたり、そこで県支庁の花輪分局（現在は秋田県鹿角市花輪）に勤務した。このときの月給は八円だったという。ところが、上司の木村大属が暗殺された折りにその嫌疑を受けて、二度目の入獄をした。すさまじい拷問も受けている。明治七（一八七四）年に、無罪放免となった。このときに再び故郷に戻り、明治十一年には区会議員となり、栃木新聞を創刊した。この頃の言論人は——とくに地方で新聞を発行するような知識人は——、明治政府に徹底的に反対していたが、田中もまたそのようなタイプの知識人だった。いってみれば、反骨のタイプといっていい。

明治十七（一八八四）年に栃木県一帯で起こった加波山事件に、田中もまた連座しているのではないかとの疑いを受け、三カ月近く入獄した。これが三度目である。

その後、栃木県会議長のポストに就く。このころになると、田中は、加波山事件に連座したと疑われたのを見てもわかるとおり、自由民権という知的な論理を好む人びとの枠内にとどまらず、徹底して農民にも目を向けるようになっていた。当時の県会選挙ではむろん町村の有力者しか選ばれず、そこでは農民の利益などほとんど考慮されない。田中は、そうした政治の構図自体に強い不満をもったといえるであろう。この期の田中を語るエピソードとして、彼は、県会の中で地主階級を最も代弁する議員に対してつねに発言の時間を制限したという話がある。利益を享受している人びとには、それだけの発言時間は必要でない、もっと多くの人たちの利益を守る議員にこそ発言時間をふやさねばならぬとの信念からだった。

つねに地方の目を失わなかった国会議員

明治二十三(一八九〇)年の第一回総選挙では、田中は大隈重信らの結成した改進党から出馬して当選した。田中は活躍の場を東京に移したが、しかし中央で活躍するのが無理になった。このころから渡良瀬川流域の農地で鉱毒の被害が発生したからだ。当時田中は小中村に住んでいたが、この村の周辺にも被害者が出はじめていた。鉱毒による被害は、農民たちの健康だけでなく存在そのものをも脅かすほど広がっていた。皮肉なことに田中は、衆議院議員となるや否や、渡良瀬川流域の村と東京の掛け橋として政治行動を起こさなければならなくなった。東京にあって中央の目で、自らの出身地を低く見つめるという視点は田中にはなかった。

近代日本のひとつの特徴は、常に東京(それは中央という意味でもあるが)の目で地方を眺め、それを当然としてきた中央集権国家体制にある。この国家体制を支えるために、例えば衆議院議員は自らの出身地よりも東京で名をあげ、その名をもって自らの政治家としての地位を高めるといった生き方を選ぶようになった。中央集権国家体制は、単にシステムだけの問題でなく、人々の意識によって支えられていたともいえるのだ。

田中は、こうした中央集権国家の体制を支える意識や発想とはまったく逆の立場に立ったのである。明治人のなかでこのようなタイプの人間は決して少なくないが、彼らはとくべつの思想をもっているわけではない。自らの性格と感性を拠り所としていた。とはいえ、どのような弾圧や甘言や懐柔をもはねつけるだけの強い意思が必要であった。田中の前半生の骨格になった生き方には、そうした意思が備わっていたのである。

古河市兵衛が経営していた足尾銅山の工場から渡良瀬川に流出した鉱毒は、その沿岸の人びとの生活そのものに影響を与えた。生活そのものというより、土地が不毛になっていったという方が正しいだろう。しかし、この足尾銅山は、日本の近代化を代表する企業であり、そこでは重要な重工業製品がつくられていた。兵器や生産機械などを必要とする日本資本主義を下支えする企業として、つねに生産カーブの上昇を要求されていた。住民の健康などに気を配るわけにはいかないとの諒解が、国家をあげて——とくに東京にあっては——定着していた。

明治二十三（一八九〇）年、渡良瀬川沿いの吾妻村は村をあげて足尾銅山を批判し、「この企業は社会的公益を著しく害する」と知事に訴えた（公害という語は、「公益を害する」の公と害をとって命名された）。足尾銅山の鉱毒を蒙っている農民たちはこの語を当然なことして受けとめたが、しかし一般に知られるようになったのは、昭和四十年代に入ってからで、実に七十年余もたっていた。

しかしこのような村民たちの訴えは、県レベルではまともにとりあつかってくれなかった。なぜなら日本は重工業製品の生産をなによりも急がなければならず、足尾銅山の操業を中止したり、鉱毒の実際な被害内容を調査したりすることなどまったく考慮されなかったからだ。田中は県知事（それは内務省の官僚に回ってくるポストでもあったが）のそういう態度に不満だったし、どのような対策も講じようとしない古河市兵衛にも強い反感をもった。

公権力と私権力の永遠のテーマ

田中はこうした状況を見て、帝国議会のなかにこの鉱毒問題を初めてもち込むことを決意した。それが、明治二十四（一八九一）年の第二帝国議会に田中が提出した質問書である。この質問書は、正確には「足尾銅山鉱毒ノ儀ニツキ質問」となっているが、ここで田中は鉱毒の被害を受けている農民は自らの土地に一方的に鉱毒を流されているといい、しかし政府はなんらの対応策も打ちだしていないと批判した。田中の正義感は、鉱毒に侵されて生命そのものさえ脅かされている農民が無視されていることへの怒りに端を発していたのである。

第二帝国議会で質問書を政府に提出してから、前述のように天皇への直訴を試みる明治三十四年十二月までの十一年間は、田中の公害反対闘争の前半部をなしているといっていい。この前半部で、田中はしだいに公害問題の本質を理解していった。思想よりも、公害に苦しむ農民を見つめることによって、田中は、「このような農民を救えない国家とはどのようなものか」「なぜこうした公害発生企業が存在しうるのか」という問いから、最終的には、「人間は何をもって幸せというのか」という鋭い問いまで発するようになっていった。

この前半部で田中は、私の見るところ、国家や企業の責任を問うだけではなく、発布されたばかりの大日本帝国憲法の完全なる実施を求めた。この憲法には、その運用面で多くの過誤を犯す可能性があることは図らずもその後の歴史で示されたが、しかし、発布されたときは「民衆を救う」と期待感をもたれていたわけだ。

逆にいえば、田中は憲法を楯（たて）にして政府の責任を問うた。

この憲法の第二十七条の、人民の所有権を侵してはならないという条項を武器にして、農民がもっている私有地が鉱業会社の営業によって汚染され、被害が生まれている以上、農商務省は企業活動を中止させなければならないと訴えた。企業はもともと公益性を前提に活動している。この公益性を放棄しているとあれば、活動を中止するのは当然だというのは、きわめて画期的な思想になりえた。

田中は、そのことを具体的な問題を通して明らかにしていった。その意味では、田中は日本で初めて、公権力と私権力の衝突をどう調整すべきかという二十世紀にまで及ぶテーマに挑んだといえる。そして、そのテーマは依然として現在までつづいているように思う。

田中の日記に記された本音

このころ田中は日記(明治二十四年九月)に、「憲法死法にして国家の活発を得んとす、木に魚を得るより危し」と書いている。

田中は、自らが問う質問に政府はまともに答えていないと怒ったのはもちろん、自分の訴えているテーマにまともに答えなければ、「憲法」は「死法」だといい、死法になることで国家は隆盛を迎えると皮肉った。憲法を遵守することで、人民は栄え、国家は活発になるはずで、それでこそ、「憲法」は「死法」ではないというのだ。

そのうえで、「死法」をもつ国家はその将来において人民の生命や健康を保証しないと、田中は語った。それが「木に魚を得るより危し」という意味であった。田中は、国家というものは実際には人民を救う存在ではないと主張していくが、そうした主張がしだいに日記のなかに織りこまれていった。

田中は、政治の場ではほとんど省みられない公害の実態を、私信という形で多くの人に訴えていった。田中は漢籍を学んでいたこともあって、その文面は当時の知識人のもつレベルのものであった。

田村紀雄、志村章子共著編の『語りつぐ田中正造』には、田中の手紙を詳細に分析した由井正臣早大教授の発言が収められている。そこで由井は、次のようなエピソードを紹介している。

「全集（注・『田中正造全集』）には、五千二十通を収録しました。田中正造は相当な〝手紙の書き手〟ですね。（略）田中正造は、東京の知識人にもたくさん手紙を出していたと思います。ところが、農民はこんなに保存していた。農民との強いキズナを感じさせますね。（略）日記の中の正造と、手紙にあらわれてくる正造ってかなり違うんじゃないでしょうか。日記は求道者的な面、手紙は鉱毒問題を訴えているオルガナイザーとしての正造が強く出ているという気がしますね」

さらに田中は、自分の行動やその考え方をまとめるために、被害にあっている農民たちに日常的に手紙を書いて励ましていた節がある。手紙だけでなく日記も書き、それに議会でもしばしば足尾鉱毒問題について請願の書類をまとめていたから、田中には全生活そのものが足尾鉱毒問題一色だったことが窺える。

「一人は万人のために、万人は一人のために」

明治二十年代後期のこのような田中の姿を追いつづけてみると、近代日本の正史とは異なるもうひとつの顔が浮かんでくる。

この期の日本は朝鮮において清国、ロシアなどと利権が対立、衝突し、国益が何にも増して尊ばれ、政府の政策そのものがきわめて露骨な帝国主義化の緒につこうとしていた。長州閥を中心とした明治政府は対外政策を進めるため、〝国論の統一〟と〝朝鮮、中国への利権確保〟という二本の柱を据えていた。ちょうど憲法発布のころから、この二大政策を前面に出し始めていたが、田中は〝民衆の生存権確保〟という旗を掲げ、この二本柱に抵抗の姿勢を明確にした。

渡良瀬川流域のなかでも、もっとも被害の大きかった谷中村には、当時の資料によると、四百五十世帯、二千七百人が生活していた。鉱毒汚染の排水のせいで魚介類は食卓にのせられず、肥沃な土地も鉱毒によって明らかに異変が起こっていた。

農民たちの困窮を地元の県会議員は積極的にとりあげなかった。農民たちにとっては、田中こそがまさに救世主だった。しかし、田中の行動がすべて受けいれられたわけではない。農民には独自に共同体の規範があり、なかんずく地主との対立関係や役人との軋轢を好まないという歴史的倫理観があった。田中はこの点をもどかしく思ったが、実際に一部の農民は、国家に協力するのがあたりまえであり、田中の進めるような反対運動はむしろありがた迷惑と眉をひそめた。

田中はそうした農民の感情とも一面で戦わなければならなかった。

前述した前半部のなかで田中がしだいに辿りついていった結論は、中央集権国家に抗する民衆の共同体の確立ということであった。それは広義に解釈すれば、人民共和国の建設といういい方もできるが、田中はこの前段階として、自治、自立、そして自由を自らの権利としうる農民の存在を意識するようになった。それは、田中がしばしば手紙のなかで強調した、「一人は万人のために、万人は一人のために」という主張に通じていた。古河市兵衛が被害農民をだまらせるため、密かに使者を放って買収攻勢に出て、実際にそれを受けいれる農民が出てくると、田中の焦慮や絶望はしだいに深くなっていった。

こうした古河側からの買収や農民の〝長いものには巻かれろ〟といった気持ちが高まっていくにつれて、田中はなおのこと、自治、自立、自由にこだわった。たとえば、日記（明治三十三年六月）に次のように書いている。

「自治ハ自治ノ内ニ自由安全ヲ得テ、決シテ心ニモナキ他人ノタメニ苦役セラルルモノニアラズ。若シ夫長年月、他人ノ苦役、長上ノ命令ノ下ニ服従セシメラレテ、自家自治ノ発動、発見、発心、自由等ノ働キヲ滅滅セバ自治ノ死滅セルト同一ナリ」

田中にとっての救いは、この考え方に共鳴する農民青年も多かったことだ。田中とこうした農民青年は、なんどか請願運動を起こした。県会が古河鉱業に操業中止命令を出すどころか、被害を無視したような態度に終始したため、大規模な抗議行動に踏み切らなければ、自分たちの生存さえ危いとの危機意識をもつに至ったからだ。

上京請願運動への高まり

こうして計画されたのが、「上京請願運動」だった。

田中はこの大がかりな請願運動を起こすにあたって、農民たちに対して、この運動を貫徹するとの精神的な契約を結ばせている。江戸時代の百姓一揆を想定していたことはまちがいないが、田中は、ひとたび行動を起こしたらいかなることがあってもひるまないという覚悟を要求した。もとより田中は、こうした請願運動は憲法で認められていると考えていた。憲法で請願権が保障されている限り、自らと農民たちの行動は、江戸時代ではあるまいし、なんら問題はないと考えていた。

この請願運動は、明治三十三（一九〇〇）年二月の夕方に足尾銅山事務所前に集まった三千人の農民が、請願書をもとに東京にむけて行進することで開始された。農民たちは田中の指導のもとに隊列を組み、むしろ旗を掲げ、青年団を前面に立てて東京へ進んだ。しかし、利根川北岸の川俣にさしかかったところで、待機していた警官と憲兵に阻止され、そこで乱闘さわぎとなった。警官と憲兵は数百人にすぎなかったが、武装していたため、農民たちはまったく抵抗という抵抗もできず、殴られ蹴られして捕捉されていった。

この請願運動は、一般には川俣事件と呼ばれているが、数百人が逮捕され、首謀者とみられる五十一人が起訴されるという事態になった。この五十一人は、裁判所が検察側の主張を認めなかったために、一審、二審でも無罪になった。政府はこれに不満を示したが、むしろ裁判所は農民に対し終始同情的な態度をとっていた。

田中は国会議員の立場であったためか、直接には逮捕されていない。

しかし、田中は参考人として出廷を求められた。検事は農民の行為が法律違反であるとするのみで、鉱毒を流す企業についての責任をまったく問わなかった。これを聞いていた田中は、意識的に何度もあくびをくり返した。茶番だといったのである。このため官吏侮辱罪に問われ、四十一日間の禁錮刑を受けている。田中にとっては、四度目の入獄だった。

田中がこのときに受けた衝撃は、農民が逮捕されたことでも、自ら法廷を侮辱して禁錮刑になったことでもない。最も大きな衝撃は、憲法そのものが守られていないという現実であった。自治そのものが国によって否定されるという、その一事にあった。それでは国会議員の職にとどまっている必要はない。国会議員として憲法を守る姿勢を貫いているにもかかわらず、政府は自分を裏切ったと判断したのであった。

こうして田中は、明治三十四（一九〇一）年一月に議員を辞職した。

体制変革者への道

このような田中の行動を見ていると、ある潔さが感じられる。それは、自らの心中に本来ありうべき国の姿があり、それが現実によって裏切られたときに、身を退く潔さといえる。田中は、この辞職のときから、完全なる自治を求める体制変革者の立場に立つことになった。

田中はこの辞職のあとは、国政を動かすために自らがなし得ることは何なのか、それをしきりに模索している。信頼できる農民たちと語らって、そして選んだのが天皇直訴だった。天皇への直訴は、田中にすれば、憲法を条文通りに運用せよという怒りの行動だったのである。天皇は統治権、統帥権（とうすい）の総覧者であり、名実ともに苦しんでいる民を救うのはあたりまえではないか、というきわめて本質的な意味がこの直訴にはこめられていた。

田中の天皇直訴事件は新聞には報道されなかったが、鉱毒事件の存在を朝野に知らしめることにはなった。むろん田中自身が東京にあって積極的にこうした事件を伝えたということもあるが、世論が田中に同情した面もある。とくに、幸徳秋水らの「平民新聞」が積極的にこの運動を取り上げ、世論の形成に一役買ったという経緯もあった。

足尾銅山の被害にあっている農民を救え、という声は明治三十四（一九〇一）年、三十五年と確かに高まりはした。しかし、そうした声は、まもなくはじまった日露戦争（明治三十七〜三十八年）によってあえなくつぶされた。足尾銅山そのものが、戦時産業としての国策の要たる地位を要求されたからである。被害にあう農民の存在など、国家主義的政策に組み込まれて当然という判断が官民のなかにうまれていた。

田中は明治三十七（一九〇四）年に谷中村に居を定めた。六十三歳であった。それは、農民とともにあるとの自らの信念に沿っての行動であった。

谷中村は、足尾銅山側と政府の解決策として、水没させ毒だめにするとの計画の対象になった。つまり、廃村にするのがもっとも簡単であり、そこにすべての毒を貯めてしまおうという発想であった。日露戦争下でフル稼働している足尾銅山にとっては、それがせめてもの良心的な救済策というわけだった。

しかし、田中はこのような政策に納得しなかった。その理由はきわめて明快である。その田中の論をわかりやすく述べれば「ひとつの村を救えない国家は、やがて国家自体も破滅に向かうだろう。一村を守ること、すなわち国を守ること、それがすべての国民の生命を守ることである」ということになる。

政府による谷中村の買収工作は、明治三十八（一九〇五）年から始まった。買収額が高いという理由もあって、二千七百人の農民は次々と村を離れていく。田中は、谷中村にあってその現実を見つめるだけだった。農民が土地を離れてどうして幸せが得られようか、とたとえ説いたとしても、それは受け入れられるわけではなかった。田中と同じ目の位置に立つ農民は決して多くないことが、日一日と明らかになっていった。

こうして、立ち退きに抵抗をつづけたのは十九戸にまで減ってしまった。明治四十（一九〇七）年に貯水池となる十六戸が土地収用法で強制的に破壊され、そして農民は村から追い出された。まさに亡村であった。

人が人に対して示す愛の欠如

水没する予定の村に仮小屋を建てて残留する農民もいたが、田中もまたここにとどまってひたすら「亡村」を防ごうと戦った。これ以後の日記（明治四十四年八月）をみると、たとえば、「作物の取れる土地を無理につぶして治水の策とし、堤防を高くするを治水の法とし、工費の多きを以って手腕とす」という表現があるように、田中は亡村に群がる人たちの正直な姿をえがいて、加害者としての国家システムを支える人たちにその怒りをしだいに向けていったことがわかる。

田中は、明治末期から大正初めにかけて、自らの戦いをどのような方向へ進めるべきかを確認するために東京へ出た。平民社を訪ね、社会主義者たちと意見を交換し、そして自説を説いた。孫文の中国革命に協力した宮崎滔天の許も訪れて、意見を交換している。孫文の唱える革命思想を日本にもち込むことが可能なのかという問いに、滔天は、「それはわれわれ次第であり、一にわれわれの情熱にかかっている」と答えた。それを聞いて、田中はしばらく黙していたという。なかには、日本に民を救う革命は必要なのかと問う者がいて、逆に田中の方が混乱してしまうときさえあった。

谷中村の仮小屋で日々の生活を送っているうちに、田中の中にはしだいに信仰心や宗教心がわき起こってきたようだ。明治四十四（一九一一）年から、その日記には急に信仰の話が書き列ねられていく。平民社のなかで、とくに木下尚江のような穏健なキリスト教的社会主義者と交わったことでもそのことは窺える。信仰の深まりは、田中にとって現実への絶望を意味していたのであろう。この世に存在する矛盾の根底には〈人が人に対して示す愛が欠けている〉という理解に、田中の心中は落ち着いていったのであろう。

「野蛮ニして野蛮の行為を為すハ可なり。文明の力ら、文明の利器を以って野蛮の行為を為す、其害辛酸なり。故ニ野蛮の害ハ小なり。文明の害ハ大ナリ」

ここにこめられている田中の心境は、現代人がなす「野蛮な行為」（それは足尾銅山の企業経営者であり、政府であるという意味だが）こそ真に残酷なものであり、それに抗するには「愛」を土台にすえて、この文明の害に戦いを挑まなければならないという変化をとげていた。しかし、そうした戦いは力でつぶされ、解体させられていく。どれほどの愛と理をもってしても、暴力にはかなわないとの認識。あえてそういう認識にもとづいて、田中はキリスト教の信仰へと傾いていったのである。

戦いを放棄することではなく、戦いのなかにひそんでいる「人間（足尾銅山の経営者や政府の官僚、田中のもとから去っていった農民たち）」の変容に対して、敵愾心をもつのではなく、彼らをもまた優しく見つめたいという心境になったのかもしれない。

誇りある充足感のある死

田中は、大正二（一九一三）年九月四日、その仮小屋のある栃木県足利郡吾妻村の庭田方の一隅で静かに病没した。髪は伸び放題で、服装もまるで放浪者のようだったという。こうした死を称して野垂れ死にといわれるが、確かに、近代日本にあって自らの信念で戦いつづける者はしばしばこのような死を迎えなければならなかったのである。むしろ、田中の死は「誇りある充足感のある死」というべきだと私は思うが、この期にはそのような見方は日本社会では通らなかった。

権力を自らの意思で捨て、天皇に直訴を行い、体制側からは「狂人」扱いされながら農民救済を願い、そして、とうてい住めるところとはいい難い水没するはずの村に身を置きながら、田中は「谷中蘇生セバ国亦蘇生セン」という語を口にして抵抗をつづけた。田中の葬儀には近在の農民たち五万人以上が参列し、田中の遺影に涙を流したという。田中の身は滅しても、その心はつねにわれわれのなかにあるという語も交わされた。

天皇に直訴してからの後半の人生において、田中はこのときの直訴状の内容をつねに自らの思想の核に据えていた。平民社幸徳秋水のもとを訪れ、その苦衷を訴え、直訴文の執筆を依頼したときに、幸徳は田中の熱心な頼みにうたれたといわれているが、それだけに、この直訴状は名文でもあった。それは次のようなものであった。

「……伏して惟るに、東京の北四十里にして足尾銅山あり。その採鉱・製銅のさいに生ずるところの毒水と毒屑と久しく渓谷をうずめ、渓流にそそぎ、渡良瀬川に奔下して、沿岸その害を被らざるなし、……加うるに比年山林を濫伐し、煙毒水源を赤土となせるが故に、河身変じて洪水また水量の高まること数尺、毒流四方に氾濫し毒屑の浸潤するところ……数万町に達し、魚族斃死し、田園荒廃し、数十万の人民資産を失い、業にはなれ、飢えて食なく、病んで薬なく、老幼は溝壑に転じ、壮者は去って他国に流離せり。かくのごとくにして、二十年前の肥田沃土は、今や化して黄茅白葦、満月惨憺の荒野となれり……(以下略)」(江上照彦著『明治の反逆者たち』)

田中はこの直訴状の内容を自らの認識とし、そして戦いをつづけたといえる。田中は敗れたのか、それとも歴史の上では勝ったのか。それは、今にいたるも誰にも判断はできない。

田中が亡くなってから四年後、仮小屋にあって抵抗をつづけていた農民十人余がやがてその一帯も水没されるとあって去らなければならなかった。彼らは、そこを離れる際に田中の病没した一室で線香をあげ、読経をくり返した。田中にとって、この仲間たちの弔いこそ真の同志からの労りと受け止めたことだろう。

体制側が「狂人」と決めつけ、農民たちが「義人」と呼んだ田中の真の姿は、歴史の年譜のなかに正確に刻まれているとはいえないが、私としてはせめて「義人」の系譜を明確にしたうえで、その先駆者のひとりと位置づけたいと痛切に思う。近代日本に大きな意味をもって存在していると考えるべきだろう。

5　田代栄助の描いた幻の共和国

田代栄助（たしろ・えいすけ）
天保5（1834）年〜明治18（1885）年武蔵（埼玉県）大宮郷出身。秩父事件の最高指導者。1884年困民党の指導者となり、6300余名を率いて蜂起を決行した。

意識的に正史から消された「秩父事件」

明治十七（一八八四）年に起こった秩父事件といっても、今ではそれほど多くの人の記憶にあるわけではない。だがこの事件は、日本の民主主義がどのような形で発展したかを検証するときに必ずその主要な対象になることはまちがいない。決起（十一月一日）そのものはわずか十日間ほどで失敗してしまうが、そこへ至るまでのプロセス、そして実際に決起した指導者たちはどのような思想や歴史認識をもっていたか、そのところに興味ある事実がいくつも含まれているからだ。

初めに、秩父事件をごく簡単に紹介しておこう。歴史事実風に記すれば、〈明治十七年に埼玉県の秩父地方を中心に、自由党員と農民が組織的に決起し、郡役所、警察、高利貸を襲撃して秩父郡全域をいちどは制圧、しかしまもなく警察、軍隊によって鎮圧された。首謀者七名が死刑になり、重罪二百九十六名、軽罪四百四十八名、罰金刑二千六百四十二名にのぼった〉となる。その動機は革命というよりも、明治政府の諸政策に対する反対と、農民を収奪する高利貸への怒りにあった。

この秩父事件では、決起に備えて困民党軍が結成された。この総理に擬せられたのが田代栄助であった。田代は、この秩父事件の波及を恐れた明治政府によって侠客とされていた。したがって、秩父事件は俠客に先導された不埒な集団の暴動と片づけられ、昭和二十（一九四五）年までの近代史研究のうえでは意識的に無視されてきた。しかし、戦後になって、この事件は改めて検証され、加えて生存者の証言などもあって、明治政府の経済政策の失敗に対する農民たちの大規模な反政府闘争だったことがわかってきた。

地元の郷土史家である浅見好夫の『秩父事件史』によるなら、明治十四（一八八一）年の松方財政によって農民は深刻な打撃を受け、とくに養蚕収入に頼っていた秩父地方の農民は高利貸に借金しなければ生活できない状態になったために、農村全体が壊滅する状況が生まれたという。そして浅見は、「農民はかつてのような好況の到来に望みをかけて養蚕に励んだが、不況がつづいたため借りた金が返せず、重なる借金と高い利息のため、その額は雪だるま式に大きくなり、抵当に入れた土地や家屋は公売に付され、ついに身代限りとなって没落する者が多くなりました。このような農民の窮状を見かね、これを救済しようと立ちあがり、農民の不満を結集し、征韓論争以来台頭していた、自由民権思想と結びついて、大衆運動へと導いたのが地元の農民、高岸善吉、坂本宗作、落合寅市のトリオでした」と書いている。

秩父事件は、生活に困窮した農民たちと、その農民のなかでも自由民権運動に関心をもち、とくに明治十七年二月に自由党左派の大井憲太郎の遊説を機に生まれた秩父自由党の指導者たちが決起した事件だった。単なる農民一揆ではなく、また、このころ各地で起こっていた自由党員による反政府闘争というわけでもなかった。

義侠心にあふれた親分タイプ

しかし、事を起こしたのは純粋な農民でも、彼らは秩父自由党の積極的な活動分子ではなかった。先の浅見の書によるならば、田代栄助は「大宮郷の生まれで、その家は田代源左衛門を襲名し、忍藩割役（おしはんわりやく）を勤めたこともある名門」という。田代はのちに捕えられたとき、検事から訊問を受けた調書（以下、調書と記す場合はこの訊問調書をさす）のなかで、自分は農業に従事しているが、そのほかに「人ノ貸借上其他ノ事ニ付仲裁等ヲ為シ回レリ」といい、「自分ハ性来強ヲ挫キ、弱ヲ扶クルヲ好ミ、貧弱ノ者頼リ来ルトキハ附籍（ふせき）為致、其他人ノ困難ニ際シ、中間ニ立チ仲裁ヲ為ス事実二十八年間、子分ト称スル者二百有余人」といっていた。秩父自由党にはとくべつに関わりをもっていなかった。

この証言は田代が地方の信望家であり、近在の農民たちのまとめ役だったことを示している。農民たちから何かと頼りにされた田代は、困窮家庭があるとそれを救い、役人が権力を笠にきて不合理な態度をとると、すぐにそれを戒めるようなタイプだったのだろう。「義侠心に富む」というのが、周辺の地域の人びとが彼に与えていた称号でもあった。

田代も農業恐慌をまともにくらい、高利貸から地所書を質にして百五十円を借りていた。これをいかに返済していくか、田代自身も困惑していた。

田代は、秩父事件のプロセスすべてに加わっていたわけではないが、秩父自由党の幹部だった坂本宗作、落合寅市、井上伝蔵や飯塚森蔵は、田代を味方に引きいれようとなんどか訪れ説得している。秩父自由党は、農民がふえるにつれ、その一部は秩父困民党とも称するようになった。そして困民党の支えになった農民たちからも、田代は「われわれの親方になってほしい」と懇願された。田代は当時五十一歳になっていて、人を魅きつけるだけの度量に加えて、世の中をまたよく知っていた。こうした運動に田代が加われば、農民が困民党に馳せ参じることを、幹部の坂本、落合、井上、飯塚などは充分に理解していた。

困民党の幹部は高利貸たちとの交渉を進め、返済を待つよう説得し、強引な取りたてを避けるよう申し入れた。ところが高利貸たちは裁判官と癒着して、法的手続きをすべて高利貸のほうに有利にするよう、つねに画策をはかっていることがわかった。

そのため自由民権に関心をもっていたグループは、この運動は新たな世直し運動だとみて、自由民権思想に傾倒していった。農民たちは、じっと耐えているよりも政治運動に転化しなければと考えるようになったのだ。こうした動きは警察にも知られることとなり、幹部たちはいつも尾行されるようになった。

そのため幹部たち七人は、「死生ハ共ニ他言ハ必ズ不可致、依而如件」という血判書をつくって密議を進めていた。

秩父自由党と困民党の組織を別立てにしたのは、秩父自由党は自由党の全国的な潮流のなかで動こうとしたためであり、自由党自体、確かに各地で反政府の動きを示していた。明治十七（一八八四）年五月に上毛自由党は政府高官の暗殺を図ったり、農民を扇動して騒擾（そうじょう）事件を起こしていた。こうした状況のなかで、秩父自由党も困民党もしだいに反政府の暴動へと傾いていった。

田代は、この年の九月六日（旧暦では七月十七日）に、初めて井上、坂本、高岸らと会談を開いた。田代は、秩父自由党や困民党と共に戦うよう迫られた。井上や坂本は、自由党は「高利貸に十年間の据え置き、四カ年年賦の依頼」「学校費を省くため三年間の休校を県庁に要請する」「雑収税の減少を内務省に請願する」「村費の減少を村吏に要求する」のスローガンをもっていて、これは困民党のスローガンだとも田代に伝

えた。そして、

「田代さん、困民党の指導者になってくださらんか」

と井上たちは頼みこんだ。田代はなかなか受け入れない。しばらく考えていて、口を開いたときは、

「先の四条件の実行を迫るのはなかなか大変だ。命を捨てる覚悟が必要だが……」

と井上らの心情をさぐるような答えを返した。すると、幹部のひとりが涙を流さんばかりに、

「われわれは、貧民を救うためであって、命を捨てる覚悟はできている。どうか賛成してほしい」

と頼みこんだ。田代は現下の情勢で、高利貸と裁判所の癒着はあまりに目にあまる、私も見逃すわけにはいかない、と前置きしたうえで、

「諸君がいずれも一命を捨てて、万民を救うの精神ならば、心底から協力したい」

と引き受けた。そのあと、これからの運動として、山林で集会を開くのではなく、困民から委任状をとって大宮郷警察へ陳情をくり返すといった具体的な戦術を練った。田代はまず、自分たちの要求を堂々と公的な機関へ伝えようと考えたのである。そして十村余りに及ぶ村の各総代を決め、同時に、自由党への入党や困民党への加入など

勢力の拡張を目ざすことになった。

「親方が率いている運動だ」というのは確かに効き目があった。田代栄助という名に恩義を感じている農民は、まったく躊躇なく困民党に名を列ねた。

田代が考えたこの委任状作戦は、警察を驚かせたらしい。集団による高利貸交渉には、警察も目をつぶる以外になかった。高利貸はしばしば地主でもあったから、集団化は小作人の地主への抵抗を意味した。この集団交渉は、しかし成功していない。農民たちは、高利貸が自分たちのいい分を受け入れるよう警察に対して説得を頼んだにもかかわらず、協力は一切得られなかったのである。

加えて、この年（明治十七年）八月には、養蚕価格はさらに下落するだろうとの情報が入り、農民たちにとっては生活そのものより生存そのものが問われる事態になった。現在の飢えだけではなく、将来の保証もまったく得られない事態になったのだ。

蜂起までの道のり

十月十二日、井上の家で秩父自由党や困民党の幹部会議が開かれた。この数日前から、農民は一斉に蜂起する以外にないとの計画が囁かれていたが、田代は、この会議の席上、

「この計画を断固たる決意をもって進める。かくなったら武力で抵抗する以外にはない。生きるか死ぬかの問題である」

と決意を表明した。こうして、秩父自由党や秩父困民党に集まっている農民たちの蜂起計画が定まった。

この蜂起計画が決まると、幹部たちは各村に入っていき決行者を募り始めた。とくに田代は精力的に回った。自らの大宮郷はいわずもがな、横瀬村、本野上村、白久村、小森村、大淵村、贄川(にえがわ)村、影森村と荒川に沿う村々を訪ね、自らの息のかかった農民たちに、

「高利貸をつぶし、貧民を救うについて尽力することに同意するならば、新たな連絡があるので、そのとき加わってほしい」

と伝え歩いた。こうして仲間たちに誘いをかけ、その蜂起計画を詰めていった。

このような動きとは別に、井上は使者を東京に送り、大井憲太郎に決起を伝えていた。しかし、大井は、まだその期にあらずと自重を訴えてきた。秩父地方の農民の間では、十月二十八日に蜂起が起きるとの噂が流れ、それを信じた農民のエネルギーは爆発寸前の状態にあった。田代もいちどは、こうしたエネルギーの抑え役となった。十月二十六日からの幹部たちとの作戦会議では、「すぐにでも決起しろ」という強硬

派と、「もう少し時期をみよう」という慎重派との間に対立が起こった。田代は慎重派だったが、そのエネルギーは抑えられないと悟ったのか、最終的な断を下した。

それは、

〈十一月一日午後八時ヨリ下吉田村椋神社へ集合、二日午前二時同所ヲ出発シ大宮郷へ繰出ス〉

という指令だった。いちどはこう決めたものの、十月三十一日の幹部会でも田代は、一斉蜂起の準備が揃っていないとの理由で、もう少し先に蜂起を伸ばそうと躊躇し、それに井上もまた同調した。明日蜂起する段になって、田代は、もう少し態勢を整えたほうがいいとの判断を変えられなかったのである。しかし幹部のなかには、「高利貸の催促がきびしく家に帰れぬ農民がいるというのに……。もうこうなったら賛成の者だけでも決行したい」と主張する者がおり、田代もやむなく所期の方針に従うことにしたのであった。

単なる農民の不満を超えた意味合い

田代は、蜂起のための具体案も練っていたが、当初はその案のとおり進んだ。十一月一日の午後八時、釜伏山方面で号砲が一発鳴り、城峯山（じょうみねさん）でそれに応える号砲が一発鳴った。花火も打ち上げられた。それが秩父困民党の決起をあらわす合図であった。そして指定の場に集まった白鉢巻と白だすき姿の農民三千人は、予め決められたとおり、甲乙のふたつの軍隊に分かれ、大宮郷にある秩父郡役所に向けて進軍を開始したのである。

その途次には、戸長、役所、警察分署などを攻撃し、悪徳高利貸を糾弾し、それに協力する役人や警察官に詰めより、借金証書などを焼却した。建物に火を放ち、打ち壊すという行動にも出た。

これは必ずしも田代の意図した行動ではなかったが、それだけ農民の怒りは深かったことを示している。

実際の蜂起の段になって、田代自身はどのような信念を固めていたのであろうか。田代は情誼（じょうぎ）に篤い人であったが、その知性についてはこれまで充分に検証されてきたわけではない。しかし、田代は単に高利貸への不満だけで、この蜂起計画を指揮したわけではない。その点は、幹部たちが逮捕された折の調書でも窺える。田代はほんのわずかな幹部たちに、次のように話していたのだ。これが、田代の偽らざる心境だったであろう（この部分は前出の浅見の書による。原文は片仮名だが、引用にあたっては平仮名に直す）。

「昨今、諸物価は日々下落し、ために高利貸は益富し、貧者は益零落して家族等の撫育も覚束（おぼつか）なし、このまま是しておいては、秩父郡中人民は餓死する必然と相考え、因て大宮警察署へ説諭方を願出候にも到底不行届、此上之れを黙し居れば餓死するのみ、因て秩父郡中人民になり替わり、富者を斃し貧者を救助、この望みを達するには非常処置ならざれば行われず、望成就すれば刑罰に処せらるるは皆覚悟ならん」

そして蜂起のあとのプログラムについては、次のように明かしている。

「現時の所は、まず秩父郡一円を平均し、応援の来着を待って本県に迫り、事成るの日は純然たる**立憲政体をも設立**せんと欲す（傍点・保阪）」

この期になって、田代は秩父困民党より秩父自由党が説いた立憲政体を望んでいたともいっているのである。こうした政治的テーマを政治的に語るという性格は田代にはもともとなかったが、指導者に擬せられて秩父自由党の人びとと交流をつづけているうちに、自由民権思想を己れのものにしていったのであろう。そして、田代がこのような思想を抱いたときから、秩父事件は、単なる農民の不満を超えた意味をもってしまったのだ。

農民の進軍に対して、警官側もしだいに態勢を固め、各地で衝突が相次いだ。どの村でも警官と衝突するだけでなく、郡役所などが焼き打ちされた。そして農民は武器になるものを集め、村ごとにこの決起に参加する農民を募っていく。こうしたやり方を見ると、秩父困民党のなかに軍師として能力の高い者が加わっていたことを窺わせるが、田代もまた幹部を集めては、「軍律及ビ職務ノ分担、隊伍ノ編成、進行ノ順序、高利貸営業者ノ家宅破壊等ノ条項」などを次つぎに決めている。

十一月一日の夜、田代は決起した農民たちを境内に集め、自らは社殿の前に立って詳細に戦略を説いている。その左右には幹部たちを並べて、田代は具体的な戦略を改めて命じている。甲大隊の大隊長から乙大隊の大隊長、それに会計長、参謀長なども決めている。そして各村の攻撃、そのあとの制圧の責任者まで明確にしている。確かに軍隊のようでもあった。

田代は三千人の軍団を率いる総理として、それに応じた風格も身につけていたのである。すでに死を覚悟していたから、怖いものはない、農民を救うとの一心で自らの行動を支える精神をつくりあげていたのであった。

自由民権への革命軍となった困民党

乙大隊長の新井周三郎は、この軍団について五つの軍律を定めた。

その五つの軍律は、第一条「私ニ金品ヲ掠奪スル者ハ斬」、以下、「女色ヲ犯ス者ハ斬」「酒宴ヲ為シタル者ハ斬」「私ノ遺恨ヲ以ツテ放火他乱暴ヲ為シタル者ハ斬」「指揮官ノ命令ニ違背シ、私ニ事ヲ為シタル者ハ斬」とあるように、実にきびしいものだった。田代はこの軍律をなんども口にし、これに違反した者は容赦なく斬ると断言した。困民党軍兵士としての誇りはこの点にあると、田代は執拗に説いた。

もっとも、この軍団の武器は主に竹槍が中心で、その他に刀剣、猟銃、鎗（やり）、棍棒（こんぼう）、鳶口（とびぐち）、木砲などがあったが、警官隊との衝突ではもっぱら猟銃が頼りにされたという。

こうして、事件の推移を見ていくと、困民党軍は革命軍に変貌し、その総理の立場にあった田代は、当初の侠客的性格を変えていったことがわかる。秩父事件は、自由民権運動に積極的に加わっていた井上や新井らの思想に影響されて起こったという見方ができるわけだ。彼らは、少なくともルソーの『民約論』を読むとか、東京の自由民権運動家たちとの接触の中でこの事件の知的な意味づけを行っていた。したがって、この事件がどのような意味をもつかは充分に知っていたし、その結果をも予想できたに違いない。たとえ失敗しても、この決起には歴史的かつ先駆的な意味があることを予想していたのだ。

しかし、田代はそこまで考えていなかった。彼は、農民を苦しめている体制や組織や役人を農民自身が倒さなければ救われないという視点から、この事件をとらえていた。田代はこの計画自体に当初から加わったわけではなく、そのカリスマ性を必要とされたにすぎなかったが、決起すると、もっとも尖鋭的な指導者に変貌した。それは単に使命感を次第に強く感ずるようになったからではなく、自らの地位を的確に理解していったからだった。

田代は、妻子を捨て自らの故郷を捨て、革命軍の総師(そうすい)として行動し始めてからは、決して妥協じみた発言や弱音を吐かなかった。とにかく真正面から権力とぶつかり、それを打倒することに全力を投入した。つまり真の総師になったのだ。

それを裏づけたのは、決起二日目である。困民党軍は、十一月二日の早朝に大宮郷を出発した。大旗一本を立て、先頭に鉄砲を所持している者、次に鎗を掲げた者、そのあとに刀剣隊が続き、その数は当初二千人ほどであった。下小鹿野村、長留村、田村郷を経て、小鹿坂峠に達した。眼下には秩父盆地を一望できる。そして、この日は大宮郷一帯を制圧することに決めていた。

革命軍総理田代栄助の布告

困民党軍はまず大宮郷を制圧したあと、郡役所に本部を置いて、初めて布告を出した。作家の西野辰吉の書いた『秩父困民党』(昭和三十一年刊)によれば、「今日より郡中の政則を出す事大将の権に在り　各其意を体せよ　自由自治元年十一月二日革命軍総理田代栄助」という内容だったという（これには異説もあるので後述する）。つまり困民党軍は今や農民救済と政府への抗議のために決起し、そして大宮郷一帯を制圧下に置いたと宣言し、その上で新たに我々の発する指令にしたがって欲しいという旨の強い調子のものであった。これは謄写版で何枚も刷られて、至るところの村で撒(ま)かれたという。この布告者が「革命軍総理田代栄助」であるという点に重みがあった。田代の存在が、このとき初めて農民を力づけることになった。

困民党が革命軍と呼称を変えたとき、田代やその指導者たちの思惑を超え、地域の騒乱の域を超えてしまった。したがって、明治政府が危機感をもつのも当然であった。実際、内務卿の山県(やまがた)有朋は、東京憲兵隊と東京鎮台兵の緊急出動を命じた。山県はこの期に相次いで起こった自由党員による騒乱事件を苦々しく思い、いかなる形の妥協をも許さない姿勢をとることを決意していた。西南戦争を鎮圧することにより、明治政府は国家の統一を現実に果たし、その現実がこういう騒乱事件を抑えつけられるという自信を生んだのだ。

革命軍側もまた、このような政府の対応を覚悟していた。

革命軍は大宮郷一帯をほとんど完全に制圧し、高利貸を次々に襲い、ときにはその住家を打ちこわし、富豪からは軍用金と称してその財を提供させ、自らの掲げていた四つのスローガンをしだいに現実のものにしていった。一万人近くに及んだ農民はこうした状況をつくりあげることで、瞬時には国家の一角に風穴をあけた。このような戦いが全国一斉に行われるようになれば、つまり自由党が全国で農民とともにこのような行動に成功すれば、田代栄助の描きつつあった壮大な夢も可能であっただろう。だが、山県の命じた軍隊が前面に出て、この夢もあっけなく崩れていった。

田代は井上らとともに大宮郷の一角にあって、軍用金で集めた弾薬や銃を用意し、革命軍の支配する一帯を守るため陣を敷いた。革命軍を秩父から上毛、信越へと拡大していくのではなく、革命軍の制圧した地域をさしあたり死守する戦法に出たのである。革命軍は十一月二日、三日になると一万人を超したという説もあるが、その数はともかく、その全員が自由党や秩父困民党の思惑や感情を理解していたわけではなく、その末端では田代の訴えた軍律がゆるみ始めてもいた。子女に乱暴を加えたり、酒盛りを始めたりという不祥事はなかったにせよ、強奪の類は幾つも生じ、そのために田代らの描いた支配地域の拡大が妨げられたとも考えられる。

村のなかには革命軍を暴徒と脅えたところもあり、たとえば大宮郷の外れの皆野村では、革命軍が戸数三百八十一戸のこの村を制圧したあと、以下のような状況が生まれたという（これは『秩父暴動始末六　秩父暴動被害諸村概況皆野村』、前掲の浅見の書からの引用。原文は片仮名だが、平仮名に直す）。

「暴徒等凡そ二千余人あり。総理指揮して之を三分して、親鼻、栗谷瀬及び大浜の三渡船場を守らしめたり、是より先き暴徒等は抜刀にて毎戸に押入り、出ざる者は打殺す、或は焼払ふと脅迫せり、而して村内の男丁は既に逃避し、其僅に家に在る者は、炊場に助力するを口実とし、免るるを得たり、又戸長の宅に入り金を出さしめ、其民家に於けるも、或は金銭、或は刀槍・鉄砲、或は衣類・雑器等を強奪せり」

とくに革命軍が人員の狩りだしを行ったために、男子はすでに逃げてしまっていた。革命軍が村の者から暴徒と受け止められたのは、「革命」の名のもとに行われた行動が、実際には農民の生活そのものを破壊する意味を含んでいたからだった。そこに警察もまたつけこんで、革命軍に脅えている農民との切り離しに成功したのである。

迫りくる敗色の影

田代はこうした状況に、実は心を痛めていた。十一月三日の夕方に、持病の胸痛が激しくなった。胸痛はあるいは心臓病の一種だった可能性もあるが、立っていることは苦しく、横臥していなければならなかった。田代は自らの護衛ともいうべき数人の若者とともに、大宮郷の背後にある大野原に戻り、ある農家の一室で身を横たえて指揮をとることにした。この胸痛の内容についてははっきりしていないが、田代は意外に神経質な性格だったから、この革命はいずれ国家権力に鎮圧されるという不安感が胸痛の原因だとの説もある。

田代は、自らが後方に退くとき、警官や兵士との戦いの場になる前線を想定し、そこに兵力を集中する戦略を立てた。その拠点となる村には、田代の人柄に打たれてこの「革命」に参加した者が多くおり、なかには地方の剣士の一団もあった。こうした参加者は、最後まで政府軍と戦い、命を落とした者もまた多かった。

十一月四日になると、警官や憲兵たちが「革命軍」によって制圧されている村々に入り込んできた。彼らは銃剣で武装しているうえに、「革命軍」を不埒な犯罪集団と教え込まれていたので、容赦なく「革命軍」の兵士たちの駆逐に乗りだした。その戦い振りはきわめて整えられており、革命軍の兵士を切りつけるたびに侮辱的な言葉を吐いたというから、憎しみの感情が昂まっていたともいえる。このような感情は、「革命軍」の指導者である田代への激しい怒りを伴っていた。

田代は、四日夜には再び皆野村に入り、商人宿の一角で指揮をとった。そこへ幹部たちから届いた報告は、悲観的な情報ばかりであり、「革命軍」の成功は全く覚束ない状態にあることがわかった。最新式の銃をもつ憲兵や兵士の一団に対して、革命軍側の多くは竹槍で立ち向かい、猟銃をもつ者はほとんどといっていいほどいなかったのだ。それだけではない。前線の守護にあたっている農民も、警官や兵士の数を恐れて、降伏を申し出ているというのであった。

田代はこうした状況を見て、「革命」の失敗を覚悟し、もはや討ち死にする以外にないと腹に決めたが、とにかく一時身を退いて山中にひそんで次の運命を待とうと決意した。全面的な敗北を認めたのである。革命軍総理の布告はわずか二日間しか意味をもたなかったが、その挫折感は、五十二歳になろうとする田代にとってはあまりにも大きかった。

田代のこの前線離脱は、結果的に「革命軍」の兵士たちの戦闘意欲をそぐことになった。「総理がいない」との事実が知れわたっていくと、兵士たちの逃亡、投降、それに自棄気味の行動があらわになった。逆に、菊池貫平に指揮された兵士の一団四百人近くは、秩父から上毛に入り、さらに信越にまで入って、この「革命」を点や線から面にまで拡大しようと戦いつづけた。彼らは各地の自由党員の決起に賭けたのだ。十一月九日までこの戦いは続き、高崎連隊の兵士が出動して銃撃戦を行い、やっと鎮圧することに成功した。この菊池の指揮した部隊と比べると、田代の身の処し方は

「玉砕型」ではないと見られ、歴史上田代の存在が軽く扱われるようにもなったのである。

田代の存在がどうであれ、菊池の指揮する部隊とは別に、警官や憲兵や兵士たちと銃撃戦だけでなく白兵戦を行った「革命軍兵士」もいなかったわけではない。しかし、それはほんのわずかなグループでしかなかった。

そのなかには重傷を負っているにもかかわらず、政府軍の治療を拒否して、自決した者もいた。

田代にとっての秩父事件の意味づけ

こうして、十一月一日に決起した困民党軍は、九日に菊池の部隊が敗走したことですべて決着した。菊池の部隊を除いては、実際には十一月五日に鎮圧されていた。したがって、吉田県令は、この日に事件は鎮圧されたのだから暴動参加者は自主的に自首せよと呼びかけていた。一方、警察は降伏した「革命軍兵士」に拷問を加えるなどして、この事件の指導者たちの情報を正確につかみ、彼らの行方を追った。

指導者は、田代、井上、副総理の加藤織平、菊池、そして井出為吉の五人であると見て、とくに田代と井上の消息を捜しつづけた。これだけの騒動を起こした人物に対して、国家の側も関心をもたざるを得なかったといえるかもしれない。
田代は四日の夕方から同行者と別れ、一人で荒川を渡り、日野の山中にある炭焼き小屋に隠れたという。その後、所を移しながら山中に潜伏していたが、十一日には下山して息子に会い、家族の様子を確かめている。その後も山中に隠れ、息子がひそかに食料を運んでいたが、やがて自首することを決意し、その前に同志の家に泊まって身体を休めることにした。そこに警官がふみこんできて逮捕された。

この同志が警察に通報したための逮捕であった。

田代は十一月三十日から予審を受け、明治十八（一八八五）年二月十九日に死刑の判決が言いわたされた。田代は加藤とともに大審院に上告したが、棄却になり、五月十七日に熊谷監獄内で死刑執行が行われた。その田代の墓は、その後影森村の金仙寺に移されたというが、墓石の裏には、辞世の和歌として、

振りかえり見れど昨日の影もなし
行くさき暗き死出の山道

が刻まれているという。

田代は死刑を受けるまでどのような心境であったか、そしてどういう主張をしたのかは明らかでない。だが、多くの資料を見る限りでは、諦観の心境に達していたと思

われる。とくにこの辞世の和歌にふれてみると、なおのことそれが感じられる。正直なところ、明治十年代の自由党員による反政府運動は、どのような大義を掲げたにせよ、ことごとく弾圧されて終わった。その弾圧がいかにすさまじいものであったにせよ、決起する側にもまた、江戸時代の農民一揆とは異なり覚悟の弱さがあったのは否めない。とくに田代には、それがよくあらわれているようにも見える。それはなぜなのか。

田代が、俠気にあふれた人物として近在の農民たちの信頼を集めていたのは、弱者に対する思いやりを深くもっていたからだ。たとえば身体の障害者や老人、それにいつも社会の中で犠牲にされるような人物には同情を寄せていた。そのような面倒みのいい、そして他人を見つめる目の優しさをもった人物は、幕末から明治初年代にはどの地域にも、どの職域にも決して少なくなかった。田代はそういうタイプの中心人物であった。

田代は思想家ではなかった。反政府の感情を理論では理解できなかった。自由民権の論を井上や菊池から学んだにせよ、それを自らの考えにまで引き上げることができなかったから、この騒動をどう意味づけるかに戸惑っていたかに見える。しかし、その内心は「革命の失敗」の理由を理解していたのではないか。秩父事件を取り上げた書の中で、田代についての記述は今にいたるまで少ないのは、この理由が検証されていないからのように私は思える。

〈幻の自由自治元年〉

前にも述べた西野辰吉の『秩父困民党』などはこうした書の一例である。田代は、井上などとくらべると階級意識がないという捉え方をされ、単に俠客と見られている。だが、思想性に欠け、指導の点で中途半端だったという冷たい分析では決して理解できない側面が田代にはある。それは何か。

一言でいえば、田代はまさに日本人好みの情誼の人だったということだ。田代はむろん、それが自らの性格の中で主要な役割を果たしていることを知っていた。だが、それだけでこの「革命」が成功するとは思っていなかった。明治十七（一八八四）年十月三十一日の、最後の幹部だけの会議において、田代が計画にまだ自信がもてないとして延期を申しでていたのは、この「革命」を納得する論理を自らで作りたかったからではないか、と思える。もう引くに引けない段階にきているのを承知しながら、この「革命」を実らせるための、あるいは、納得するための時間を私に与えてくれないか、というのが田代の本意であっただろう。その納得のうえに、さらに兵法にうとい自分を補佐する人物をさがしていたとも考えられる。

決起後に、田代は県の事務職のある人物に目を付け、その説得を試みている。われわれの側に加わってほしいとの要請だった。なんど断られてもあきらめていない。人心をつかむことはできても、自分では兵士を動かす指揮官の任は重いので、その能力をもつ人物にかわってもらおうとしていたのだ。

田代は秩父事件の指導者としてこれからも語り継がれるだろうが、こう見てくると、真に問われるのは、その心情が弱者の側に立っていたという一点である。彼は、弱者がどれほどの苦境に陥っているかを肌身で知った時、そして農民兵士が高利貸の家々を襲い、その借用書をさがしだし、それを焼却するのを目にした時、この決起がたとえ瞬時的なものであったにせよ、そこに苦痛から解放されている人間そのものの姿を見て、それだけでもこの決起は正当性を帯びていると考えた節もある。それ以上のことは私にはわからない、この決起をどうか意味づけてほしい――それが田代の胸中にあった本音であり、本意ではなかったかと私には思えてならない。

秩父事件の後、この騒動が起こった地方では高利貸の督促がやみ、なかには借金のふみ倒しや不払いといった動きが公然とみられるようになった。不法な利息を貪り、その利益を一部の役人に賄賂として送っていた高利貸の動きもまた止まった。それは、

「革命の恐怖」が高利貸や役人の間にも広がっていったからだった。農民の間に田代の死後、その名が人情味のある救世主として広まったといわれているが、その評が田代には最も喜ばしいことであっただろう。あるいは田代は、反逆者という範囲内に自らの役割を限定していたと考えるべきかもしれない。

「革命軍総理田代栄助」の名で張りだされた日付は、「自由自治元年十一月二日」となっている。もっともこの布告は現実に発せられたのではないとの説もある。色川大吉の『自由民権』という書では、これは誤りだとかつての自らの説を取り消している。しかし、田代や菊池、井上らの会議ではこういう語を用いた節もあるという。

だが、もともと「自由自治元年」の語は参謀長の菊池貫平の作だといわれているが、田代は少なくとも二日間は秩父地方のある一角において、この年号と肩書にふさわしい動きを示したと思えば、改めて秩父事件の持つ真の意味がわかってくるように思う。

田代栄助の革命家としての志の元年だったという意味が、である。

6

西郷隆盛の死生観とその道

西郷隆盛（さいごう・たかもり）
文政10（1827）年～明治10（1877）年薩摩藩出身。討幕派の指導者として薩長同盟・王政復古・戊辰戦争を指導遂行。維新政府の参議となるも征韓論争に敗れて下野。

犬養毅の中の西郷像

西郷隆盛を語るときに、私はいつもあるエピソードを思い出す。それは、まだ二十三歳で慶応義塾の学生だった犬養毅が「郵便報知新聞」の特派記者として西南戦争に従軍し、連日送りつづけた記事の内容である。この従軍記は、現在に至るも、西南戦争を見つめるときの基礎文献たりえている。

正確には「戦地直報」と名づけられたこの従軍記は、百四回にわたって連載されている。その最終回は明治十（一八七七）年九月二十五日に書かれているが、その内容は前日の二十四日の動きを追ったものであった。この日は、政府軍によって追いこまれた西郷軍が散り散りに敗走し、西郷が敗戦を知ったうえで郷里城山で自害し、五十一歳の人生を終えた日である。この様子を、犬養は政府軍の側から書いている。

城山では、西郷の従者と政府軍の兵士とが二十四日の未明から戦いをつづけていた。明け方になって戦いはやむ。犬養は次のように書く。

「諸軍喧呼（けんこ）して曰ふ、我西郷を獲たり、我西郷を獲たりと、而して西郷の首は果たして誰が手に落つるを知らざる也。午前九時満身傷腹の一屍を獲て来り、之を検すれば果たして西郷なり、尋（つい）で其首級を獲たり、首は屍の傍らに埋め、微（ようや）く頭髪を露す、因って之を掘出し、遂に桐野等の屍を併せて浄光明寺に集め、両参軍以下諸将校之を検し、同所に埋む、実に明治十年九月二十四日午前十一時也。（以下略）」

西郷の遺体は、政府軍の将校の手によって懇ろに弔われたわけである。政府軍のなかにも、西郷に対して共鳴の感情を隠さない者がいたことが窺える。維新に功があったはずなのに、西郷がこうした死を迎えることは悲しいといういい方を犬養もしている。これは後日譚になるが、犬養はこの死を確認していたが、西郷にそれほどの関心はなかったという。ところが明治三十年代に入って、隈板内閣のとき西郷の弟従道との会談の機会を得た折、西郷はなかなかの人物だと知り、この従道よりも数段立派だと薩摩人からも聞いて、西郷の人間性を知己に聞き回った。やがて尊敬するようになったと書いている。

その部分を以下に引用してみよう。

「（西南戦争）前の南洲はまだ〳〵死を求める程度であるが、後の南洲は、死を求めず又死を恐れず、絶対無辺の心境である。此の如き心的偉大は維新諸傑の中に於て嶄然として一頭地を抜いて居る、南洲のエライのは即ち此処である。此心的方面の大得力は、天地万物一体の絶対心境に到達した怜悧透徹万頃の深潭の如きものである。之は偉大の天分に多年の鍛錬功夫を積んで始めて大成したるもので人の容易に企て及ぶ所

ではない。（以下略）」（『木堂談叢』大正十一年十一月刊）

犬養にいわせれば、西郷は死生観が明確だから立派だったのである。この「絶対無辺の心境」に達するには、むろん生来の性格もあるだろうが、本人の日々の鍛練が必要であるというのだ。犬養はその後はつねに、西郷の名を偉大な先人として挙げつづけた。

慶応の功臣、明治の逆臣

この犬養の見方があたっているか否かは判断のわかれるところだが、しかし西郷像は、近代日本の指導者たちからつねに人間の理想像として語られてきたことは事実である。犬養の見方はまだ筋が通っているほうで、昭和十年代の軍事指導者などは、西郷像を自分たちにとって都合のいい方向からとらえ、その像を悪用した。圭室諦成（たまむろたいじょう）著の『西郷隆盛』（昭和三十五年刊）によるなら、西郷が講談や浪花節の主人公として、庶民から人気を勝ち得たことをいいことにして、「野心家たちはこの庶民の英雄の利用」を考え始めたあげく、「自分たちの野望を西郷のそれに結びつけ、さらにはそれを歪曲、粉飾することによって、野望の正当さを庶民に納得させせよう」としたという。西郷がなぜこれほど人気があるのか。その真の理由はどこにあるのだろうか。

「慶応の功臣、明治の逆臣」といわれるほど西郷の評価は振幅が激しい。明治二十二（一八八九）年にはその罪が許されて正三位が与えられているのだから、なおのこと厄介である。しかしそこに共通しているのは二つの言葉である。ひとつは、「自らの信念に従って忠実に生きる」ことであり、もうひとつは、「大義名分を守る」ことである。この二つの語はもとより同じような意味を含んでおり、それは、西郷が世俗の功を求めない、筋を通したという意味に解していい。

このような生き方を死生観としてもった者は、近代日本でもそれほど多くはない。高位高官に達するのを目的とした先達からは窺えない生き方である。幕末から明治維新の初期にかけては、一年が十年に匹敵するほどの重さをもつ。それだけにこの期に生きて何ごとかを成そうと志した者、あるいは何ごとかを成した者は、最終的にはその死生観が問われたのではないかと、私には思える。

死生観のかわりに武士道、つまり、欧米社会のように宗教的規範をもたない日本が独自につくりあげた倫理的な規範というふうに言いかえてもいい。新渡戸稲造が『武士道』という著作のなかでいみじくも語ったように、「私の正邪善悪の観念を形成して居る各種の要素の分析」を試みて武士道に思い至ったとき、生のなかで自らは何を守るべきか、その守るべきもののためには死を賭してもいいとする自らの規範を確認しようとしたのである。その精神至上主義こそ、前述のように「一年」が「十年」に匹敵する時代には必要だったのだろう。

西郷はなぜ人気を得たのか、という前述の問いに対する私の回答はきわめて簡単で、それは精神至上主義の良質な部分を代弁しているからにほかならない。西郷とて、世俗の秩序や栄達を求める心理は他の人間と同じように変わらずあっただろう。しかし、西郷は、それを超克するだけの精神力をもっていた。だからこそ、反逆者とか逆賊といった、政治権力による歴史上の意味づけを超えたところで、私たちの精神を共鳴させずにはおかないのであろう。

城山で自らの起こした乱が敗れたことを知ったとき、西郷は、政府軍が反乱軍を追尾してきても慌てず、政府軍の砲台を見ながら、「これは立派なものだ。日本の陸軍もこれだけに進歩したか。実に喜ばしい」と述懐した。それは、明治維新を成し遂げた自らの仲間たちへの率直な感想であっただろう。西郷はその青年期、自説が受け入れられなかったり、藩主から排斥にあったときには、すぐに死を考えるタイプであった。しかし、五十一歳になり、城山にあったこのときは、生き延びられるだけ生き延びようとする姿勢を示している。政府軍の最終攻撃にあって、脚部に弾丸があたり動けなくなるや、死を受け入れた。

かつて従軍記者として西郷の死体を見た犬養は後年、西郷の死の様子を薩摩人から聞き出し、そして畏敬の念をもつようになったのだが、前述の『木堂談叢』には、西郷は動けなくなるや、部下の者に「おい、俺の首を斬ってくれ」といって、首をさしだし、斬らせたという事実が紹介され、「真の丈夫は是でなくてはならぬ」と書いている。

西郷は死の瞬間まで、自らの信念に従い忠実に生き、大義名分を守り抜いたといわれるその様子がここにあらわれているというのだ。

斉彬との運命的な出会いと江戸随行

西郷は、すでに知られているように、薩摩藩の貧しい下級武士の長男として、文政十（一八二七）年に生まれている。幼名は小吉といい、少年期に吉之介と称し、父吉兵衛が死亡してからはその名を継いだが、青年期のある時からは吉之助と称した。名は隆盛、号は南洲と称した。西郷は弟が三人、妹が三人いたが、弟妹たちの範となるよう父から諭され、天に恥じるような言動をしてはならないという教えを植えつけられた。

少年期には、大久保利通らと『近思録』を読むなど朱子学を学んでいる。

嘉永七（一八五四）年、藩主の島津斉彬が参勤交代で江戸に向かうことになったとき、西郷はその随行役に選ばれた。西郷にとっては初めての藩外の旅だった。西郷がこの役に選ばれたのは、薩摩藩内のお家騒動（斉彬派と久光派の対立）で、斉彬派は久光派に敗れ切腹したが、西郷親子の上役にあたる人物が「お前たちは死を急ぐな。そのときを待て」と諭されたのが因であった。西郷親子は斉彬派だった。やがて、その斉彬が藩主になるその折に藩政改革に意見を具申していた隆盛に目をつけた。それが、引き立てられていくきっかけとなった。

西郷は江戸にあっても陰日向なく働いた。このころ（嘉永七年）、江戸はペリーの来訪によって混乱がおこり、開国か攘夷かで揺れていた。こうした時代の空気が、西郷をしだいに国政の場へ引きずりこんでいった。

西郷を語るときにもっとも重要な要素は、この斉彬の存在と江戸での体験であった。斉彬は開明的な思想の持ち主であると同時に、人材の抜擢に公平な目をもっていた。その側近はつねに藩内の若手のなかから有為な人材を探すように求められていて、西郷を推す者が多いことに驚いて重用したのだった。斉彬は時代がまさに変革期にあることを自覚し、藩内改革に熱心で、江戸にあっても幕府に大艦製造の促進を勧めたり、朝廷と幕府の公武合体論を開明派の大名とともに説いた。斉彬は、まだ二十代後半の西郷を幕府の老中や各大名のもとに自らの意見書を持たせて送ったりもした。秘書役のような扱いである。

西郷は斉彬を畏敬するだけでなく、斉彬に自らの生命を託すことなど厭わない忠臣となった。西郷の郷党精神がひときわ強かったのは、斉彬への畏敬がそれほど強かったことを間接的にあらわしている。

江戸での体験としては、水戸藩の藤田東湖と知り合ったことがあげられる。東湖の尊皇論を学び、その東湖から「薩摩の島津公こそ次の時代にあって国を指導する能力をもっている」と聞かされて、東湖への信頼を固めていった。しかし、西郷にとって不幸だったのは、東湖は安政の大地震で亡くなり、斉彬は薩摩に戻っている折り、安政五（一八五八）年七月に亡くなってしまったことだった。

封建的忠臣から反逆者への脱皮

斉彬は、幕府がアメリカなどから通商条約の締結を迫られたあげくに朝廷の許可も得ずに日米修好通商条約を結んだり、しだいに朝廷を無視する行動をとりだしたことに不満をもっていた。西郷はその意を受けて、江戸や京都の様子を斉彬に報告する役目を受けていた。朝廷とともに幕府の姿勢を一変させるという案を西郷は固めて、それを薩摩で進言し、斉彬もそれを受けいれて、公卿や気脈を通じた大名への書状をもって上洛したときに、西郷は斉彬公の死を知らされた。西郷は、このとき人生でもっとも大きな衝撃を受けている。

西郷のこうした心情を、戦後になって歴史学者のなかには封建的な忠臣意識と批判する者もいたが、それは確かにあたっている。西郷の生涯を貫く楔（くさび）には、幕末の忠臣、郷党、政争好みといった性格が確かにあるからだ。西郷は、その人生でなんどかの「人間的な脱皮」を行い、そして最後には「西南の役」という内乱で反逆者となった。西郷はその意味では自らに正直であり、その場、その場をごまかすといった小手先を最後まで弄することはできなかったといえる。

斉彬亡きあと、西郷は忍従の生活に入っている。いわば、主君が交替したときに冷や飯を味わう時代といえるかもしれない。

江戸幕府が尊攘派の弾圧をはかった「安政の大獄」で弾圧を受けた僧月照を、西郷は薩摩に連れていくが、斉彬にかわって藩主になっていた久光の息子島津忠義とその側近たちに迷惑がられ、僧は藩命で自決を命じられる。幕府に抗じることを、忠義やその側近たちは許さなかった。そのため西郷は、いちどは船上から投身自殺を試みる。しかし、奇跡的に助かった。このときから西郷は、「どうせいちどは死んだ身」という死を恐れぬ死生観をもつようになった。西郷のなかに独自の倫理が生まれたといえよう。自らの道を歩み、それが受けいれられないときは死を受け入れるといった価値観である。

西郷は三十二歳のこのときから三十六歳までの五年間、奄美大島に遠島という罰を受けている。時代にすれば、安政五（一八五八）年から文久二（一八六二）年である。この間に、「安政の大獄」を進めた大老の井伊直弼が水戸藩士に暗殺された。それは、尊皇攘夷派が開国派に対して一矢報いたという意味をもっていた。

薩摩でも新しく久光が実権をにぎり、江戸に出て朝廷と幕府との公武合体を進めることを決意するや、改めて西郷の力が必要となり、西郷はその罪を許された。しかし、西郷は久光の意向を無視して上洛してしまい、討幕の企てを練った。西郷としては、朝廷内部の幕府と通じている一派への不安があり、それに先駆けての行動であった。この行動がまた久光の怒りを買い、このときは徳之島送りを命じられた。西郷は、この島で再び幽閉生活を送ることになった。文久二年六月から元治元（一八六四）年二月までの三年間である。

この幽閉が解けたのは、皮肉なことに久光の政策が行き詰まったあげくのことだった。久光の説く公武合体論は、朝廷と幕府との間に立って自らの権力を固めようとする意思があるものとみられ、尊皇攘夷派からはきわめて評判が悪く、やがて久光が挙兵するのではという警戒心も生まれたため、久光は新たな政策を樹立しなければならなくなった。久光が意図したのは尊皇攘夷論の側に立つことだった。そのために、藩内の人事を一新して具体的な対応を示さなければならなくなった。

こうして、藩内の有力者から再び西郷の登場を促す声があがり、久光もそれを受けいれざるを得なくなった。西郷は鹿児島に戻ると、すぐに京都に送られ軍賦役に据えられた。京都にあって、薩摩を代表する政治・軍事上の指導者という地位に就いたのである。

歴史の中に生きるよう運命づけられた男

この間の西郷は、まさに時代の中で振り回され、そして時代を動かす地位にのぼりつめる運命にあったといえる。幕末の志士たちの運命は各人の経歴をみればわかるとおり、極端に揺れ動いたが、それにしても西郷はとくべつ歴史に振り回されていたとの感がする。

西郷は〈歴史の中に生きるよう運命づけられた男〉といういい方ができるかもしれない。西郷は三十八歳のこれ以後、五十一歳で亡くなるまでの十三年間、その運命に突き動かされていったのである。

朝廷、幕府、そして長州藩、薩摩藩などの大藩は、外国からの開国要求にどう応えるかをめぐって対立をつづけていたが、薩摩藩では開国の必要性を認めつつも、尊皇攘夷の道をいちど通過しなければならないとみて、そのため歴史的には西郷が温存されていたというべきかもしれない。長州藩の尊皇攘夷に対して、久光は会津藩とともにその追い落としに成功するが、それも生麦事件によって英国側から激しい砲撃を受けたこと（薩英戦争）もあり、単に尊皇攘夷だけでは時代にとり残されると懸念していたからである。

薩摩と会津の長州攻撃によって長州藩は京都から追われたが、これに傷ついたのは薩摩もまた同様であった。久光の政治的な動きは、朝廷側からも幕府側からも懸念をもって見られたのである。薩摩はどのような考えをもっているのか。この期にどちら側にどういう考えで対処しようとするのか、それを明確にしなければならなかった。ここにもまた、西郷の登場する舞台装置ができあがっていた。

西郷の描いたプログラムは長州藩との和解、そして提携にあったが、幕府の側は尊皇攘夷を目の敵にして、たとえば池田屋事件などが起こったために、長州藩はますます独自の行動をとるようになった。長州藩の藩士は大挙して京都に押し寄せ、朝廷に対して自らの意思を示そうとした。これがいわゆる「禁門の変」だが、西郷はこのときは薩摩藩の藩士を率いて、自らも負傷しながら長州勢を追い払った。会津や筑前の部隊が長州に抵抗できないとき、西郷だけは長州を追い払い、実際に朝廷を守ったのである。

西郷が兵を指揮したのはこのときが初めてで、のちにこの戦争にふれ、「くはしくいくさの様子を申しつかはしたく候へども、自慢話と相成り果ては、かねての素志も水の泡と相成り候間、わざと省略いたし候」との書を認めたこともある。それほどこの指揮に自信をもち、自分には兵法家としての才能があるとの自惚れももつようになった。

当時の日本の情勢は、各藩とも、京都の朝廷権力に対してどのような距離をとるか、肚のさぐりあいをしていた。薩摩藩の存在はしだいに大きくなり、そのため西郷の名は一気に知られるようになった。

気がつけば、明治維新の中心に

その西郷は神戸の海軍伝習所にいる幕府の重臣勝海舟を訪ねて、将軍の上洛を依頼するための話し合いを行った。しかし勝は、幕府の権力では諸外国と対抗できないから、「明賢の諸侯四、五人も御会盟に相成り、異艦をうちやぶるべきと兵力」をもっての開国によって、国威を守らねばならないとした。長州と薩摩が戦っているときではないというのであった。これは西郷の頭に残った論であり、勝もまた、西郷という人物は「この時代、何かを成す」と判断した。

時代の中にありながら、時代を超えた目をもっていたこの期の人物といえば勝などはそのひとりだろうが、はたして西郷はそれほどの偉材だったのか、という反論はつねにある。西郷には確かに哲学や思想はなく、もっとも大きな取り得は、「勘と度胸」だったからだという論者は少なくない。それは確かに、あたっているともいえる。幕府が長州討伐を意図して征長軍を編成した折りに、西郷はその参謀役を命じられているが、長州征伐を行うだけの力を失っていると見た西郷は、むしろ政治工作へと密かに走った。長州を敵に回すのではなく、長州と融和策をとることで、この大藩を巧妙に幕府の側にとりこみ、勝の思想を受け入れて「明賢の諸侯」のひとりに据えようと画策したのであった。

西郷は長州に乗りこんだ。そして、長州に幾つかの条件をのませて手を打ったのである。長州の側も西郷を信用して、内乱の危機を避けることを約束した。ところが幕府はこの機を長州の弱体期とみて、長州討伐にふみきった。薩摩の指導層にいた西郷や大久保は、この討伐には大義はないとして出兵を拒んでいる。そのためもあろうか、幕府の長州討伐軍は、逆に長州軍に壊滅的な打撃を受けた。幕府の力は急激に弱まっていることが、誰の目にも明らかになった。

尊皇討幕がこの期から擡頭し、西郷はしだいにその方向に傾き、しかもその同盟相手として考えたのが長州であった。薩長同盟の確立であった。慶応二（一八六六）年に土佐藩の坂本龍馬の尽力で同盟は結ばれたが、このときの薩摩側の代表は西郷で、長州側の代表は木戸孝允であった。これによって、王政復古、明治維新というレールが布かれることになった。

この年、幕府では一橋慶喜（よしのぶ）が第十五代将軍となり、翌三年一月には明治天皇が践祚（せんそ）した。

西郷は討幕、王政復古にと考えを転換し、広く同志を募り、そのために動き出した。こうした動きが広まったために、慶応三年に第十五代将軍として慶喜は政権の奉還を考えるようになり、十二月九日に、王政復古が天皇の名において布告された。新政府の誕生である。同時に、こうした動きに反発して、旧幕府軍と薩長を同盟とする政府軍との間に鳥羽伏見の戦いや戊辰戦争が一年余にわたってくり広げられることになり、日本は新しい時代への胎動を始めた。

こうした政府軍の体制の中心に、西郷は座っていた。戊辰戦争では、東征大総督府の参謀として旧幕府軍と戦った。天皇をかついだ政府軍の作戦は、ほとんど西郷の手によって成され、実際に、そうした作戦はことごとく成功していった。

政略家としての辣腕ぶり

この間の戦いの裏側を見ると、西郷は政略家としてきわめてすぐれた能力をもっていたことがわかる。幕府解体のために政治的に手を打ったり、江戸城を無血開城させた手腕などを見ると、何らかの思想的背景があったように思えるが、実際はイギリス公使パークスの「騒乱を起こすよりはできるだけ早く国内秩序を安定させるべきだ」との助言を受けいれての工作だったのである。西郷は日本国内の権力地図、そのエネルギーの強弱、それに伴う外国の外交団との接触など、各方面に目配りをきかせていたわけだ。

このような経緯を辿って、旧幕府体制は根本から崩れ、薩長同盟を中核とする天皇制絶対国家が誕生していった。西郷はむろんこの国家誕生の「最大の功労者」といえるが、ここに至るまで西郷を突き動かしたのは、島津斉彬、藤田東湖、それに勝海舟という人物の恩情と思想の支えであった。

西郷自身、このことをよく知っており、こうした人たちの識見と能力を借りて、自分はこうした歴史的難事業ができたと述懐していた。自らが畏敬する人物の教えを土台に据え、ひとたび目標を決めるやそれにむかって真正面から進み、ときに権謀術数を巧みに駆使し、相手を屈伏させてしまう。西郷には、確かにそのような能力が備わっていた。西郷はときに裏切りにも似た行為を平気でつづけたが、それは、倒すべき自らの相手が相応の力をもっていなければほとんど無視してしまう大胆さに通じていたといえる。

新国家ができあがると、西郷はいちど薩摩藩に戻って、藩内の改革を行ったが、その改革はいかにも西郷らしい目配りが行き届いている。明治維新へのプロセスで、命を喪った藩士の遺族には一時金が支払われ、生存者には改めてその働きに応じて論功行賞が与えられた。こういう配慮をまた西郷の思いやりと見て、畏敬にも似た感情をもつ者が多かったのである。さらに藩内の人材を明治政府に登用する道を開く一方で、兵制改革を行い、藩として歩兵連隊を独自に創設した。西郷のもとにはごく自然に人が集まり、西郷の門弟を自称するものもふえた。とくに西郷は藩内に歩兵連隊、常備兵などの部隊を置くだけでなく、主に兵器製造にかかわる工場をつくるなどして、新政府よりははるかに藩内を整備してしまった。

乱には向いていても、平時には向かない男

こうした改革をすべて終えたあとの明治四（一八七一）年二月に、西郷は江戸から東京へと変わった政府の中枢に出ていき、そこで参議の地位に就いた。とくに西郷は軍事面の兵力装備の役を志した。政策を担う大久保利通や木戸孝允が廃藩置県などを強行していくときに予想される国内の反乱については、西郷が、

「暴動や騒乱は、責任をもって片づけるから思うように進めてほしい」

と励ました。西郷は、自らの能力は政策を進める方面には向いていないことをよく知っていた。国民皆兵を目的とした徴兵令などは明治政府の重要な政策であったが、西郷はそうした政策も実に手際よく進めた。各藩の藩士はこの徴兵令に抵抗したものの、西郷はそういう抵抗にとりたてて注意を払わなかった。大義のための小義など、西郷は押しつぶすだけの政治性をもっていたからである。だが、のちにこのことが西郷自身にはね返ってくる。西郷は乱には向いていても、平時の建設期には充分な能力をもっていないことが窺え、西郷自身そのような状況には堪えられなかったのではないか、と私には思える。


明治新政府の中で、功を遂げた者のなかにはそれまでの苦労を忘れたかのように華

美な生活に入る者もいたが、西郷はそうした生活とは常に一線を画していた。それは、私生活もまた人格の反映と見るようになった西郷なりの生き方でもあった。

西郷が明治政府のなかで征韓論に敗れて、下野したのは、ふたつの面で当然だったといえるかもしれない。ひとつは、乱のなかに生きる西郷の目は国内からしだいに外にむかっていたこと、もうひとつは、初めは武力を避けても最終的に話し合いがつかないときは武力を駆使すること、この二点である。だから征韓論が起こったときでも、当初は西郷は、派兵を主張する板垣退助らの論に反対し、話し合いを主張したが、交渉が受けいれられない場合は武力やむなし、という意見にこだわった。

その役を自らが担ってもいいと西郷は述べ、明治天皇がお墨付きを与えるという経緯も辿った。だが、最終的な話し合いでは、内治優先を説いた大久保利通と征韓論を軸に外交を重視すべきだという西郷との間に対立が起こった。それは征韓論をめぐる論争というより、内治を重視する岩倉具視らを巻きこんでの対立となり、明治政府内部の権力闘争という構図をえがきだした。西郷はそれに厭気がさし、参議としての立場に固執せず、辞表をだして鹿児島に戻ってしまった。

明治政府内部での亀裂であった。

西郷に殉じて、薩摩出身の近衛兵の将校も故郷に戻ってしまった。このため近衛兵は兵力の低落を生み、陸軍卿の山県有朋らが再びその編成を行わなければならなくなった。

西郷が下野して故郷に戻るとき、やはり参議の職を辞した板垣は、これからも共に戦おうと申し入れた。西郷はこれを拒み、「余は言論をもってこの目的を達しうべしとは信ぜず、しかしみづから政府をとりて、しかしてのち未曾有の盛事をおこなはんには」と答えている。板垣が民選議院の設立を重要な仕事と考えていることに、公然と反対したのであった。このことは、権力を獲得するためにはクーデター以外にないとの信念が西郷の胸中では固まっていたことを意味する。このような経緯を見ると、西郷はなぜこれほどまでクーデター好きなのかという疑問が起こるのは当然であり、きわめて心情不安定な武力信奉者とみなされるのもまたやむを得ない。明治維新が生んだ特異な性格が、ここから浮かびあがってくる。それは、人はひとたび反逆の方向をめざすと、その反逆の輪はそれ自体で増殖を重ねて肥大していき、やがて罠となるのだ。

西郷もまた、その罠に落ち込んでいったといえるかもしれない。

無間地獄という語がふさわしいかどうかはともかく、西郷は、そのような永久回転の軸にとりこまれてしまったようにも思われる。

鹿児島に戻った西郷は、近衛兵だった桐野利秋や大山綱良らを参謀役にかかえこんで、明治政府へのクーデター計画を考えた。私学校に士族の子弟たちを集めて反乱軍の兵士として育てることも考えていたというが、西郷はそこで軍事訓練を進め、明治政府のもつ内治政策に反対する教育を行った。やがて西郷は、自らの手をはなれて進む桐野や大山らの主導下の計画を黙認するようになった。西郷の名は郷党の青年たちには英雄として映っていて、彼らは、西郷を担ぎだしてもういちど新国家を建設しようとしていたというべきかもしれない。その結果は、鹿児島の正規軍一万余り、そしてそれを補佐する兵士などを含めて、三万人もの動員が可能な軍事体制ができあがった。

一方で、政府軍もまた着々と新しい軍事組織を固めていた。圭室諦成著の『西郷隆盛』によれば、明治政府はあらゆる面で急速に近代国家としてのシステムを揃えていき、軍事にしても、「正規軍だけで五万、いかなる反乱も鎮圧できる実力を育てあげた。政府はこれだけの実力を準備してはじめて、明治の賊臣西郷一党を俎上にのせた。七六（注・明治九）年末ごろからの政府の動きは刺激的であり、その反応として西郷一党がいら立ちはじめる。もはや寸刻も猶予すべきではない、即刻鍛えあげた反乱軍をひっさげて上京、西郷首班内閣をつくり、鹿児島士族の野望である封建的土地所有の再編成という夢を実現させるほかないと決意する」と書いている。この書では、西郷の動きに対して冷たい筆調が目立つが、確かに西郷らの動きは士族の利益を代弁する色彩が濃かったのは否めなかった。

西郷は私学校の生徒たちに、大義名分を説き、道理や天理を説いた。それは、西郷自身が青年期に出会った斉彬や東湖のような人間像を具現化することを意味していた。同時にそれは、明治政府の理念とは幾つかの面で衝突することを意味していた。

明治政府は、鹿児島県下で私学校を中心にした権力の構図ができあがり、それが中央集権国家とは別な生き物であることに頭を痛め、早急に解体しなければならないと苛立った。とくに参議の大久保利通には、その焦りが強かった。大久保は、明治政府のなかで自らの発言力が低下するのを恐れたのである。

真に大義名分なき反逆

こうして、明治政府と西郷側の対立はいつ火を吹いてもおかしくない状態になっていった。西郷起つ——の噂を聞いて、明治政府に不満をもつ旧各藩の士族などが盛んに鹿児島を訪れた。その一方、大久保のもとには鹿児島の不穏な動きが伝えられて、政府側はしだいに感情を昂ぶらせていった。こうなると、まさに肚のさぐり合いだった。

この期の西郷は、決起が引くに引けない状況にまできていることはわかっても、その「名分」が気持ちの中で充分には整理できていなかった。西郷はこの「名分」を、西南戦争ではついに見いだすことができなかった。

明治政府が送りこんだ密使、さらに西郷暗殺の不穏な噂、そうした流言のなかで私学校の学生たちを中心にして、西郷に決起を求める声が相次いだ。挙兵し上京し、われらの意に沿う政治を……それには「西郷先生のご決断を」という声が連日、西郷の周辺では叫ばれたのである。

西郷はこうした声に押されて、

「大義名分はないかもしれん。しかし、私の身体はおまえたちにあげることにする」

という一声で挙兵を認めたのであった。明治十（一八七七）年二月のことである。

西南戦争は、西郷にとってその人生の終焉の出来事となった。西郷は内心ではこの決起を肯んじえなかったとも窺えるが、しかしその行動は西郷の人生の凝縮でもあった。西郷の人生には確かに幾つもの矛盾があるが、実際にこの決起はその矛盾をよくあらわしている。西郷のもとに参じたかつての士族たちの中には、明治政府の政策に反対する者から、自らのもっていた権益が失われたことに対する不満分子まで揃っていた。私学校の生徒の多くは西郷に殉じたいという気持ちをもっていたが、その一方で、もういちど御維新をやり直して自らの栄達を確保したいという野心家もいた。西郷は、そうしたすべてを包含した象徴として存在したのである。

西南戦争は八カ月もの間続いた。新しい兵器をもって投入された政府軍の兵士たちもまた、この内乱で手柄を立てることで自らの栄達を確保しようと考えていた。あるいは、反乱軍に対する憎悪感から、西郷軍に立ちむかっていく者もあった。この戦争では、大義名分は西郷の側にはなく、むしろ政府軍の側にあった。その大義名分とは、「旧幕府体制を超えて世界にでていくための新体制国家」であり、西郷はいずれにしろ、旧幕府体制の代弁者として位置づけられた。

近代日本の歴史の年譜を眺めていくと、西南戦争は結局「負の戦争」といえるだろう。西郷の心の奥にも、その感情があっただろう。「反逆のための反逆」といういい方が適切か否かはともかく、奇妙なたとえをすれば、マラソンランナーがその最終コーナーで順位などかまわずに棄権してしまう図さえ浮かんでくる。

勝海舟は、西郷の挙兵を耳にし、そしてその死を知ったとき、「とうとう不平党のために死んだ。西郷はああいうときには、実に工夫のない男で、知恵がなかったからああなった。なに、あれだけの不平党を散らすのに、わけはないことだ」と書いた。

勝は、もう少し知恵を働かせるべきなのに、というのであった。一方、明治政府は西南戦争を通じて政府軍の軍制を改めて確認するとともに、戦略や戦術においてどれほど多くの利益を獲得したか数えきれないほどだった。とくに士族以外の兵士でも、何ら士族に劣ることなく戦闘を行ったことがわかり、陸軍卿の山県は、日本軍を創設していくときの知識を得たのであった。

西郷は、「真の大義名分なき反逆」に、その死の瞬間まで羞恥心をもっていたのではないか。だが、死を賭すことでその比重を低くしていたのかもしれない。西郷は城山の洞窟のなかで死の前日に七言絶句をのこしているが、その一節には「笑って死に向かう　儂(わし)は仙学の如し」とある。西郷は苦笑しながら、死出に赴いたと、私には思えるのである。

7

知性への過信・佐久間象山

佐久間象山（さくま・しょうざん）
文化8（1811）年〜元治元（1864）年信濃松代藩士。幕末の兵学者・洋学者。勝海舟・坂本龍馬・吉田松陰らは門人。開国論を唱え、攘夷派により暗殺される。

黒船来航を一日足らずで知り得た情報網

佐久間象山は、写真を見ると容貌魁偉の感がする。実際、顔は長くて広く、顔全体の骨は張り出し、眼は奥二重瞼だったというが、眼光が鋭いため、魁偉という印象を受ける。その眼光は意志の強さをあらわし、同時に、他人に対してはきわめて怜悧な判断を下すことを窺わせる。

象山の人生には、実際そのような厳しさがあった。その厳しさに魅かれて、彼のもとには多くの人びとが集まった。彼らは、時代と真っ向から向き合おうとする意志の強い人物ばかりだった。

この象山を語るエピソードは数多いが、なかでも、もっとも興味をもたれているエピソードは、嘉永六（一八五三）年六月三日に浦賀沖へペリーの艦隊がきたときの話である。この日、浦賀の漁師たちは沖合いにそれまで見たこともない大型の船が入ってくるのを見て、すぐに奉行のもとへ報告した。浦賀奉行は、そのことを幕府の老中に極秘情報として届けた。老中の阿部正弘や勘定奉行の川路聖謨らは、その善後策を打ち合わせるために真夜中に登城した。

この極秘情報は、六月四日の朝方には佐久間の耳に入っていたという。佐久間がこの情報を幕府の中枢から知らされたといわれるが、それにしても佐久間は驚くほどの情報ルートを確立していたというべきであろう。

佐久間はすぐに松代藩邸にかけつけて、この情報を江戸家老に伝えている。すると、佐久間は従者を連れて浦賀に赴き、その巨大な外国船を見てきて報告するように命じられた。佐久間は浦賀の湾を一望できる鴨居山に登り、勝海舟から貰った望遠鏡で船の動静を見つめた。佐久間はそれだけにとどまらず、漁師の船に乗ってこの蒸気船をつぶさに観察している。この船が江戸湾に入っていくかに見えたのが不安だったのである。

「浦賀港口の東南十六、七町の所に、大砲二十八門備え候洋名コルベットと申べき船一艘これ有り、其東北四町程隔て候所に一艘、是は所謂蒸気船にて、其形コルベットに比し候えば、殊に大にして、比例し候に五と三との如くに御座候。コルベットも大略測量仕候に、其長さ二十四、五間これ有るべく候。（略）大砲の数は、車輪の前に四門、後に弐門、是は砲窓を開きこれ有候故、よく分り申候。其上に六門、是は砲窓を閉じこれ有り候故、かすかに見え候」

と実にくわしい。このことは、佐久間が蒸気船の外形、その構造に通じていたことを意味する。これほどの知識をもっていたために、佐久間は、なおのこと幕府の国策を改めさせなければと思っていたのであろう。

このペリーの黒船の来航に、佐久間は心底驚き、かつあきれてしまったらしい。この衝撃的事件をあらゆる人たちに書き送っている。

井出孫六の一文（『歴史読本六〇〇号記念　日本史を変えた人物二〇〇人』から引用）によれば、佐久間は、故郷の肉親に宛てた手紙のなかで、

「蒸気船はいずれも殊に大きく御座候。その回りをこちらの御用船帆をかけて通り候を見候に、ちょうど大たらいの下に蛤（はまぐり）貝御座候様見え申候」

とこの驚きを書いたという。この蒸気船は前述の巨大な外国船をさしており、その回りを日本の奉行所の役人を乗せた小船が取り巻いて、その動きを監視している姿を報告している。むろん、この手紙は佐久間らしい皮肉をきかせており、日本の現実は「大たらいの下に蛤貝」のようなもので、どうして外国の軍事力、文化、思想と対抗できようか、という思いが込められている。

佐久間象山

佐久間は幕末に生きた知識人として語られているが、しかし、その生涯、胸中に秘めたその思考方法、その行動の核を丹念に追うと、まったく別なイメージが浮かんでくる。それを一言で称すれば、「ナショナリスト」であり、そこにときには「偏狭な」という形容詞をつけてもいい。象山は友人に宛てた手紙の一節で、日本人は世界中でもっとも優秀であり、そのなかでも森羅万象に通じている自分はとくに優秀であるから、児孫（じそん）を数多くのこさなければならないと書いて、自分のために子供を産む女性（すでに妻はいるのだが）を紹介しろと真面目に説いてさえいる。

こうした独自の考えをもつ佐久間が、幕末にあっては強硬な開国論者として誰もが驚くほどの論を口にし、筆にまとめ、そしてその異様ともいえる風体で青年志士たちに影響を与えたのは、奇妙といえば奇妙である。それは誰もが納得する理論だったのであろうが、世人の批評などかまうことなく、その理論を押し通したところに、この人物の歴史的存在の意味があった。

嘉永六（一八五三）年の一回目のペリー来航は単なる示威行為であり、すべての交渉は翌嘉永七年の二回目の来航を機にはじまったが、佐久間はこの間、どのようにしてこの外圧を受けいれ、また抗すべきかを考えている。当時、佐久間は江戸で儒学と洋式兵法の塾を開いていたから、この外圧の意味をよく理解していた。したがって、幕府がペリーの砲艦外交に対応する構えをまったくもっていないことに怒りを覚えた。

佐久間は、海防護所の必要性を訴えたばかりか、ペリーの艦船が浦賀沖に停泊しているときも、藩主の真田幸教の名で老中に建白書を提出した。海防の意義を強調し、ペリーの艦船がもし江戸湾に入ってくるなら、その守りを固めるために藩として貢献したいと訴えたのである。そして自らは防禦を固めるその地を浦賀の御殿山と定め、その周辺の地理を調査している。こうした率先した行動は佐久間の強みであったが、同時にそれは唯我独尊の癖を免れなかった。

実際、こうした独断専行の結果、松代藩内部で紛争が起こった。幕府が建白書を受けいれたのですぐに増派するようにとの連絡が松代藩江戸屋敷に入り、松代藩の家老はしぶしぶと兵を率いて江戸へ向かった。ところが、その途中、ペリー艦隊は浦賀を離れたので、来るに及ばずという連絡が江戸の藩邸から届いた。このように振り回されるのは、佐久間が一方的に政治に口を挟むからだとして、藩で内紛が起こったのである。

この内紛で佐久間は、江戸居住をやめ松代に戻るよう藩から命ぜられたが、彼は老中の阿部正弘にこの件のとりなしを願い出た。阿部は、佐久間の説く海防強化の案には強い関心をもっていたため、松代藩に対して、佐久間を江戸にとどめておくよう依頼し、その命令を撤回させた。ここには、佐久間独自の身の処し方がみられる。このような人脈ルートに食い込んで、自らの思う方向に人びとを動かすのは、確かに佐久間の能力のひとつだった。

この能力は上の者に対して発揮されるのみならず、下の者を動かすときにもいかんなく発揮された。

吉田松陰が絶賛したその能力

佐久間の塾には、長州の吉田松陰が学んでいた。松陰は、佐久間の能力に一目置いていただけでなく、その人間性にも関心をもっていた。狷介(けんかい)といわれる佐久間の性格は、むしろ自らの信念に忠実なためだと松陰は判断していた。ペリーの砲艦外交の圧力を受けて、佐久間が海防防備を唱えると、松陰は心底から共鳴し、佐久間こそ真に国を憂える人物だと賞賛した。嘉永六（一八五三）年九月に長州の兄に宛てた手紙のなかで、松陰は、「佐久間象山は当今の豪傑、都下一人に御座候。朱に交われば赤の説、未だ其の何に因るを知らざれども、慷慨気節、学問あり、識見あり」とほめている。

松陰は、攘夷の道を究めるにはヨーロッパの文化や文明を積極的に摂取し、そのうえで、それを乗り超えることにより真の攘夷に到達するのだと考えていた。佐久間と松陰が結びついたのはこの確信にあった。嘉永六年当時、佐久間は四十三歳、松陰は二十四歳であったが、ふたりは年齢差を超え、師弟関係を超えて、この時期に必要とされる思想について共通した認識をもっていた。

松陰も、ペリーの艦船を浦賀に赴いて確かめてからは、海外への雄飛をただひとりで考えるようになった。松陰は、日本はまぎれもなく危機にあると感じたのである。この危機を救うにはどうするか。そこで得た彼の結論は、国禁を犯してでも彼の地に向かい、そこでその実情を具体的に見聞してくることであった。こうした直線的な思考、情熱こそ松陰が歴史的人物となりうる所以でもあったが、彼はこの密かな案をただひとりの師である佐久間に相談している。

佐久間には何の異存もない。むしろ、そのような人材が輩出することを願っていた節さえあった。そこで佐久間がさずけた知恵もまた、彼らしい。国禁を犯すという形をとらず、あたかも漂流しているかのように装って外国船にわたればいいではないか、と勧めた。そのために、密かに機を窺うことにした。

この頃日本の周辺にはロシアやアメリカやイギリスなどの外圧が押し寄せていた。徳川幕府は鎖国政策にこだわったが、外からは列強の圧力が、内からは開国を求める動きが強まっていく。高野長英などの蘭学者が江戸で塾を開き、なかば公然と蘭学を説くような時代であった。しかし、攘夷派の、とくに武士たちはその信念を一向に崩そうとしなかった。

そういうなかで佐久間は、攘夷のために開国を、と考える当時としてはきわめてバランスのとれた発想をもっていた。松陰もまた、その忠実な同志であった。しかし、このような戦略をもつ思想家は、この時期には存在が許されなかった。白か黒か、という明確な割り切り方を好む日本人の国民性には合わなかったといえるだろう。

それは翌嘉永七年一月に明確になった。ペリーの再来航時に密航を企てた松陰はペリーにそれを拒否され、やむなく幕府にその旨を申し出ると、長州に戻されて幽閉の身となり、佐久間もまた指嗾（しそう）罪で捕縛され、それから九年間、松代で幽閉状態の身となった。

佐久間を走らせた幼年期の体験

この幽閉について語る前に、佐久間の出自についてふれておきたい。やむにやまれぬ行動に走っていくそのエネルギーはまぎれもなく、幼年期から培養されたものだからだ。

佐久間は文化八(一八一一)年二月二十八日に、松代藩の城下町で生まれた。父一学は松代藩士で、母まんは足軽の娘だったという。幼名は国忠であったが、すぐに啓と改め、字を子明と称した。十五歳のときに元服の式を行っている。佐久間は気の強い子であったといわれているから、父一学は象山に早く成人としての自覚をもたせたかったという意味もあるようだ。そして十八歳で家督を相続したが、二十二歳のときに父を喪った。しかし、母に対しては強い愛情をもっていて、つねにその身を気づかい、長じて江戸に出てからもしばしば手紙を送ってはその身を案じていた。

佐久間は肉親愛が強く、加えて信濃の自然を愛することでは誰にも負けなかったといわれているから、この感情が攘夷の起点になったとも考えられている。

幼少時から漢籍にふれる機会があったため、相応の知識をそなえ、また、学芸に対して強い関心をもっていた。松本健一著『評伝　佐久間象山(上下)』に、「こんにち松代の真田宝物館には、象山が『春秋』から〈外交〉に関する事項を抜き出して注を加えた『春秋辞命準縄』という二冊の自筆本が残っているが、それをよむと、象山が一つの目的にむかって関心を集中させて思考を重ねていった一つの過程がわかる」とある。学芸への道を着実に歩むだけの素養はもっていたのであろう。

この非凡な才は先達の目に止まって開かれたが、それは図らずも松代藩の第八代藩主の真田幸貫(ゆきつら)であった。この藩主を師にもったおかげで、佐久間の才能は開花していった。幸貫は佐久間の学芸に目をつけ、多額の学資を与えて江戸遊学に出している。それは天保十二(一八四一)年のころで、佐久間は江戸で兵法を学び、『海防八策』を浄書し、それを幸貫に届けている。こうした目に見える形でその恩義に報いることは、佐久間の実証的な性格をよくあらわしている。

幸貫の父は奥州白河藩主の松平定信で、定信は幕府の老中として財政再建や海防などに力をいれて、幕府の政治システムを少しずつ近代化していった。幸貫はその方針を忠実に守り、兵法の実を挙げるため、藩士のなかの子弟で有能と思われる者にはとくに出費を厭わなかった。佐久間は、そのなかでももっとも目をかけられた子弟だった。幸貫は兵法に力を入れるだけでなく、実際に新式の大砲二百門余、小銃は三千挺を超えるほどの兵力を整えた。これだけの戦備を揃え、しかも兵法に通じている藩士も多かったから、佐久間が老中に対しペリーの砲艦外交に抗するための海防警備を訴え、それが認められたのは当然といえば当然だった。

幸貫の国防観は幕府の内部でも認められることになり、天保十三(一八四二)年の阿片戦争以降、幸貫は幕府の海防掛に指名された。このときに幸貫は、江戸遊学中だった佐久間を自らの顧問に引き上げた。これによって、佐久間は幕府内だけではなく、他の藩の藩主（たとえば、水戸の徳川斉昭など）との面識を広げていった。

幸貫の死後、第九代藩主は幸貫の孫の幸教に引き継がれる。このときから佐久間は江戸藩邸の顧問のような存在になっていく。なにしろ幸貫の信頼した兵法学者であり、江戸で儒学の佐藤一斎に学んだ儒学者であり、さらには藩の家老宛てに、国を治めるこれからの基本は「教育」であるとして学校建設を呼びかけた「学政意見書」の起草者として、藩内でのその地位は格段に重みを増していった。

松本健一の先の書によれば、佐久間は大塩平八郎の陽明学に対して批判的で、この学問は政治を乱すと考えていたという。佐久間は、治世派だった少年期から青年期にかけて、朱子学のもつ教育の重みを人一倍感じとっていたから、陽明学はその「知行合一」の「知」の部分を重くみなければ、単に「行」に終わってしまうという批判をもっていたのだろう。

佐久間の反逆の道は、その点では大塩平八郎の反逆とは異なった道であることがわかる。「民」と同じ位置に立つ目が、佐久間には一貫して欠けていたのかもしれない。共に江戸時代の後半期に生きながら、ふたりの間にあるこの差異をみると、私たちは

〈学問と大衆〉をめぐる問題について改めて考えずにはいられない。

こうした佐久間の青年期と壮年期の初めまでを眺めていると気づくのは、彼はきわめて恵まれた階段を登っていったといえる。藩の家老に宛てた「学政意見書」はすぐに採用され、嘉永四（一八五一）年には藩の中に文武学校が建てられた。学校教育の祖として、藩内から尊ばれる場を確保したのである。

感情の乏しいプラグマティスト

佐久間は、十六歳から二十三歳まで一貫して朱子学の師について学び、江戸遊学の折りにもまず佐藤一斎の門を叩いた。ここで佐久間は、仲間から「いつ眠るのか」と噂されるほど学問に熱中した。しかし、佐久間は一介の朱子学者にとどまるつもりはなかった。兵法を学ぶことによって、科学的、合理的発想を身につけたからである。佐久間は生来の優れた能力に加え、努力家であり、なにより自信家であったから、君臣とか師弟といった社会的な制約に捉われなくなった。ありていにいうなら、他人のいうことなど、しだいに聞かなくなってしまった。佐久間は年齢が増すにつれ、なおのことそのような性格を色濃くしたのである。

佐藤一斎に学んでも、その学説をそのまま受け入れなかった。佐藤は朱子学の第一人者で、陽明学にも関心を示していたが、両学問ともしょせんは精神や思考の領域にとどまっていて、目に見える形の科学にはほとんど太刀打ちできない。佐久間は、合理的思考や発想をもたなければ、現実の国家を守る方策など打ち出せないと考えたのであろう。

この点では佐久間はもっとも有能なリアリストであり、プラグマティストだったといえる。そのような性向をもった人間がこの期に生きるには、なにがしかの謙虚さや奥ゆかしさが必要だった。ところが、佐久間にはそれが欠けていた。その人生の光と影の、この影の部分に、佐久間の人間としての限界があった。

佐久間が藩主幸貫に宛てて書いた『海防八策』のポイントは、阿片戦争がもたらしたアジア情勢の変化にどう対応するかにあった。「支那」はイギリスの武力攻撃を受けても、対応がまったくできていなかったために敗北し屈服した。このまま推移すれば、やがてイギリスは日本に鋒先（ほこさき）を向けてくることは必定だ。このつねに兵事に専念している国と抗するには、それだけの軍備を備えた国にならなければならないと説いたのが、『海防八策』であった。

そのために佐久間は、ヨーロッパ式の大型軍艦の建艦を望んだ。

開国論者の佐久間が八策として挙げているなかの「其一」には、「諸国海岸要害之所、厳重に砲台を築き、平常大砲を備え置き、緩急の事に応じ候様仕度候事」（松本健一前掲書より）とある。まず防備を固めよ、というわけだ。防備を固め、次は国民を教育することだと説く。「其六」に、「辺鄙の浦々里々に至り候迄、学校を興し教化を盛に仕、愚夫愚婦迄も、忠孝節義を弁え候様仕度候事」とあるように、国民の精神を固めておけば、どのような外圧がかかろうともなんの心配もいらないというのであった。

改めて確認しておくと、『海防八策』のなかで強調している具体的な政策の背景には、「忠孝を骨子とするこの国の根幹を守るには、開国という歴史の流れを受けいれて、さらにその根幹を強くしていくことだ」という認識があった。この論は、幸貫を通して幕府の上層部にしだいに浸透していった。その意味では、佐久間は、「蛮社の獄」にひっかかり、弾圧されて自死を選ばなければならなかった渡辺崋山や高野長英よりははるかに身の処し方が巧みだったたし、大塩平八郎のような直情径行でもなかった、と内心では自負していたにちがいない。

あまりに科学的すぎた発想

嘉永六（一八五三）年六月のペリー来航のとき、佐久間が誰よりも早くその報を耳にし、そして江戸家老へ報告してすぐに藩命でその視察に出かけたのは、老中の阿部正弘のルートから直接情報が入ったからといわれている。『海防八策』は幸貫が幕府の海防掛になるきっかけをつくったから、佐久間はもっとも信頼される幕府の御用学者に近い立場にいたわけである。

嘉永七年一月に再びペリーが来訪したときも、佐久間は、幕府に連絡があった段階で、その情報を得ていた。それを松代藩江戸家老につたえると、佐久間は藩命という形をとって、浦賀に赴いている。七隻のペリー艦隊が入港するのを見ると、佐久間は、これは明らかに武力行使の意味を含んでいると判断し、このときも松代藩に対し横浜港の一帯を防禦するよう進言し、そして自ら藩士を率いて守りを固めた。

ペリーの砲艦外交以後、アメリカと日本の外交交渉は嘉永七年三月まで数回に及び、「日米和親条約」にいきついた。佐久間は幕府の官吏ではないから、むろんこの交渉には関与していない。しかし、防備にあたっていた佐久間には、幕府がペリーの恫喝と威嚇を前にして弱腰になり、当事者能力をまったく欠いていることがわかった。ひたすら隠忍自重というのが日本の現実の姿だった。佐久間はこうした体験を通じてアメリカに対して激しい敵意を抱いたが、感情は感情として、排斥はしなかった。アメリカの要求に屈して開港地を認める交渉プロセスをみて、佐久間は、わが国にいま必要なのは、アメリカなどの諸外国の砲艦外交の実態を確認することであると気づいた。

佐久間は、反逆するためには反逆の対手を知らなければならない、と考えるだけの科学的発想を身につけていたともいえるであろう。

嘉永七年三月ペリー艦隊は横浜をはなれると、江戸湾奥に入り、品川沖に停泊した。その目的は日本の防衛力がどの程度かを偵察するためだといわれているが、もしこのときペリー艦隊が江戸に砲弾を浴びせたら、日本はたちまち中国と同じ道を歩んだであろう。それほど日本の海岸防備は、佐久間の兵法論があったにせよ、内実はお寒い状態だった。ペリー艦隊は品川沖から、開港を要求して幕府に承諾させた下田沖までゆうゆうと視察していった。

この下田沖に停泊しているときに、小舟に乗ったふたりの日本人が、外国に密航したいとペリーに申し出てきた。それが、松陰とやはり長州出身の金子重輔だった。金子は松陰から密航の話を聞かされて、自らも志願した。松陰は計画を実行する前にもういちど佐久間を訪ねて、この計画を密かに伝えている。佐久間はこのとき松代藩の軍議役を務め、その周囲に藩士たちがいたために、松陰は遠回しにその旨を伝えたといわれているが、そこは阿吽の呼吸で佐久間はその意志を諒解したであろう。

前述のごとく、ふたりの直訴はペリー側によって拒否された。下田の幕府の代表者が了承するならともかく、すでに条約を結んだ以上、そうした行為は認められないというのが拒絶の理由であった。考えてみれば、これは確かにその通りだ。もし前年六月の一度目の来航時であったなら、このような論理は通用しなかったわけだから、松陰は運がなかったといえるし、また佐久間はこうした法律面の知識を欠いていたともいえる。

自らの能力への過信

この一件は幕府に知られてしまった節があり、そのため松陰は、下田奉行所に自首した。やがて江戸に護送され、北町奉行所で取り調べを受けた。このころ国禁を犯すことは、大罪というより死を覚悟することであった。当然ふたりは死を前提としたうえで、自らの計画をありのままに告白している。松陰は佐久間との関わりについては、一切公言しなかった。ところが奉行所では、松陰は決行前に佐久間と会っていると疑い、すでに佐久間をも捕らえていた。

奉行所の与力は、佐久間を開国論者とみているから、その取り調べは半ば暴力的であった。お前はなぜ国禁を犯すことを勧めるのかという問いに対し、今の日本に必要なのは海外に行ってその姿を正確にみることではないか、そう希望する者がいるならそれを勧めるのが道理であり、そうした人材を国家としては採り入れなければならない、と佐久間は毅然と答えて譲らない。こうした態度が、佐久間を不利な状況に追いこんだことは否めない。

奉行所の上級職の取り調べでは、国禁を犯したことは許されないが憂国の情は認めるといわれたのに対し、佐久間は、「私はなんら国禁を犯していない。松陰らに対して、ジョン万次郎の例にならって、風に任せて漂流すればいいとはいっているが、それは国禁を犯すという意味ではない。もともと西洋に情報探索の人を出すべきだと考えてはいるが、そのことを口に出したことはない。私は国法に殉じたいという気持はつねにもっているが、しかし、国法に背くというつもりはまったくない」と終始つっぱねた。こうした問答を繰り返しているうちに、佐久間はしだいに追い詰められていき、自らの論で身動きがとれなくなってしまった。策に溺れすぎたというい方もできる。

とくに「風に任せて漂流する」といういい方は、奉行所の役人からその矛盾を衝かれた。「佐久間象山は生を惜しむ卑怯者だ」といった説が流布したのは、奉行所の役人がこのような佐久間の発言に怒りをもったからである。

幕府は奉行の取り調べを吟味したうえで、佐久間に松代での蟄居（ちっきょ）を命じた。松陰もまた萩での蟄居を命じられた。佐久間が実行者の松陰と同罪になったのは、佐久間の性格が災いしたとも考えられる。北町奉行所の奉行のなかには、死罪を主張する者さえいたといわれているほどである。

その後、佐久間は松代藩の浦町で九年間にわたる蟄居生活にはいった。年齢にすれば、四十四歳から五十三歳までである。佐久間は、人生のもっとも重要なときに、つまりもっとも働きざかりのときに、その動きを封じられたのである。この蟄居をどのように解すべきか。佐久間は幕府の弾圧によって、その動きを封じられたとみるべきだろうか。実際、そのような見方をする者もいる。しかし、私にはそうは思えない。

佐久間は幕府に反逆したのではない。むろん国家に反逆したのでもない。あまりにも自らの能力を過信し、あるいはあまりにも科学的な思考を身につけ、それを当然としていたために佐久間は、この社会の人間の襞(ひだ)にひそんでいる感情を無視し、それに反逆したのである。佐久間は、幕末から明治維新、そして昭和に至るまでの知識人が陥ってしまった知性が感情を凌駕するという通弊の先駆者であった。なぜ佐久間は、国禁を破ったことを素直に認めたうえで、自説を主張しなかったのであろうか。たとえそう主張しても蟄居という裁決は免れなかったにせよ、佐久間象山はすがすがしい人物として後世に伝わったと思えてならない。

九年間の蟄居生活の間、佐久間は、江戸からもってきた書物、朱子学を学んだ者から借用した書物、さらには外国の書物などにも目を通していた。蟄居とはいえ特別に大きな制約は受けていなかったので、かつての門弟やその学識にふれようとして近づいてくる人びとと自由に会話を交わし、ときには兵法や洋学全般について講義を行っていた。藩当局はこれに気づいて、幕府へ直訴した。そのため老中の阿部正弘は、面会や手紙のやりとりなどは慎むように、書簡で佐久間に忠告した。阿部は、佐久間の才能を認めつつも、このような形の蟄居を認めればしめしがつかないと考えたのであろう。

そのため、一時は監視が強まったが、またそれが緩むと佐久間は、手紙のやりとりなどをはじめた。

幕府が安政二（一八五五）年に海軍伝習所を開いたことを、勝海舟からの手紙で知ると、日本なりの軍政改革や開国のための構想を何人かの江戸の門下生などに伝えた。伝習所に諸藩の優秀な人材を入れて、「天下の武備を御一新」したほうがいいと訴えた。こうした手紙を改めて読むと、佐久間は、かつて自分はどれほど恵まれた立場にいたかを実感していたような節さえ感じられる。

だが、この手紙のやりとりが藩に洩れると、再び監視が強化された。社会との接点が薄れていかざるをえない。そういうなかで佐久間は、自らの思いを書き物としてのこすことを考えたり、あるいは、限られた縁者との間だけには許された手紙のやりとりを通じて、「伝言」という巧妙な形で自らの意思を伝えている。

しかし、安政四（一八五七）年の暮れに、アメリカ側の外交代表ハリスとの間で日米修好通商条約の交渉が始まるという情報をつかむと、佐久間は居ても立ってもいられない心境になった。この修好条約に各藩の大半の藩主が反対し、幕府は朝廷の勅許を得て交渉を妥結させようと図っていることを知ると、佐久間は、自らの名を隠し「依田源之丞」の名で幕府に建白書を提出していいかと、藩当局に願い出た。むろん却下された。そこで佐久間は京都にいる友人梁川星巌（やながわせいがん）に極秘の手紙を送り、修好条約案は日本にとってきわめて不利であり、「公武（朝廷と幕府）」の間に合意がないのは日本にとってきわめて不幸であるとして、この条約についての不備を世間に知らしめるとともに公武一和を説いて、開国への道を急ぐように幕府につたえて欲しいと頼んだ。

ここに、日本を統一した国家とするために朝廷を有効に用いるべきだとの明治維新の発想が生まれた。開国は尊皇攘夷という立場によって初めて結実するという思想が、佐久間に芽生えた。蟄居という幽閉状態のなかで、江戸からはなれて改めて日本という国をみつめて、佐久間は明治維新の志士たちの核となる思想を見出したのである。星巌とはなんどか手紙のやりとりを行っているが、そのなかで佐久間は、諸外国が連合軍をつくって攻撃してきたときに、京都御所を襲った場合どのような防禦ができるだろうかと嘆いている。そのため、御親兵構想さえ明かしている。

この点について、松本健一は前出の書で、次のような示唆に富む重要な指摘をしている。

「象山の『御親兵』構想は、当然のことながら、天皇が直接に兵権を統べることを意味する。これは、天皇制が軍事や外交や政治の権力から切り離されて、いわば象徴的存在となっていた伝統の否定、もしくは古代的な王政への復古を意味するのかもしれない。そうだとすれば、この、天皇が兵権を統べる構想は、明治維新の『王政復古』体制の予言となっているわけだ」

つまり、明治維新は佐久間の思想から出発したとみているのである。

時代だけを見、人心を見られなかった悲劇

幕府は、佐久間の学識を必要として、文久二（一八六二）年十二月、かれの蟄居を

解いた。それと前後して、土佐藩や長州藩は幕末の世情に対応するため、佐久間に招請を求めた。松代藩自身は佐久間に冷たく、どこかに出してしまえ、との意見が強かったが、佐久間は自藩にとどまった。いずれ時代が変わればこの藩の指導者となり、その後江戸から京都に出て全国統一を図るという目論見をもっていた節があった。

佐久間が相次ぐ招請にも応じなかったのは、そのような理由のためだった。松代藩にとどまった佐久間は幕府へ意見書や建白書を提出し、開国したうえで西洋の文化や文物を受けいれて富国強兵策をとるべきだと訴えた。むろんその根底には、尊皇攘夷という佐久間なりの信念があった。しかし、幕末のこの期には、佐久間は急進的な開国論者という評価が各藩の志士の間に広まっていた。それは、時代の一歩先を進む反逆者の不幸な道だったといえるだろう。

公武合体派という佐久間の実像は、それほど知られなかったのだ。

元治元（一八六四）年に起こった公武合体派のクーデターによって、将軍は京都に入り、将軍を支える諸大名がそれぞれ格上げになった。そのうえで幕府は佐久間に対して、京都に来るように命じた。そこで佐久間は三月に上洛し、一橋慶喜に謁見した。そして、その兵法の知識や新しい時代の思想をもとにして幕府を支えるよう命じられた。いわば顧問のような存在であった。二年前の蟄居とは比べものにならない運命の変化であった。

京都に来て四カ月後の七月十一日、松代藩の京都宿舎である本覚寺を出た佐久間は、三条に借りている自らの借家に向かっていた。そのときの服装は黒もじの肩衣、もえぎ五泉平の乗馬袴、騎射笠をかぶり、西洋の鞍を置いた愛馬に乗っていた。この異様な服装は確かに人目を引いた。一目で開国論者とわかる。京都には、攘夷論者の武士がそれこそあふれ返っていた。

三条の借家近くに来たとき、ふたりの武士が左右から佐久間に斬りつけた。落馬した佐久間は十三カ所の傷を負い、ほとんど即死の状態で絶命した。そのあと三条大橋に立札が立てられ、暗殺の理由が明らかになった。その立札には、「佐久間修理（象山）此者元来西洋学を唱ひ、交易開港の説を主張し、枢機之方え立入、御国是を誤候罪捨置難く候処、剰へ奸賊会津、彦根二藩に与同し、中川宮と事を謀り、恐多くも九重御動座彦根城え移し奉り候儀を企、（以下略）」とあった。開国を主張し、鎖国攘夷を唱える公卿のもとに出入りし、朝廷を開国に導き、さらに天皇を彦根に「御動座」しようとしていたことが暗殺の因だと訴えていた。

この文面には佐久間に対する憎悪というより、多くの誤解が目につく。しかし、決行者の河上彦斎らは長州藩の尊皇攘夷派と近く、さらにこの暗殺には長州系の志士たちが連動していたのを見ると、佐久間に対する怒りは、むしろその無神経な西洋かぶれの異様な服装にあったともいえる。とくに、馬に西洋鞍を置くのはあまりにも挑発的だった。

佐久間はどこか人を喰ったような言動を為し、他人の神経を逆なでするような癖をもっていた。それが京都にあっては死につながる時代だったという認識を、佐久間はもっていなかった。

佐久間が反逆者として語られる所以は、あまりにも人間感情を無視し、知性を誇っていた佐久間自身の人生にあったといえるかもしれない。日本の風土にはなじめぬ体質だったとも考えられるのである。

8

高野長英が抱きつづけた時代への怨念

高野長英（たかの・ちょうえい）
文化元（1804）年〜嘉永3（1850）年仙台藩水沢出身。オランダ内科を学び1825年長崎に行きシーボルトの鳴滝塾に入塾、のち江戸で開業。幕政を批判し投獄されるも、脱走。のち幕吏に襲われ自決。

生まれるのが早すぎた男

もう少し後の世に生まれればまちがいなく世を動かした指導者になったであろう、と感嘆を交えて見つめたくなる人物が、歴史の年譜のなかには必ずいる。とくに幕末にあってもう二十年おそく生まれていたら、その名はさらに輝いていたであろうと同情を寄せたくなるのが、高野長英だ。

高野はその能力が秀でていたために、むしろ反感を買い、しかも無実と思えるのに罪を着せられて死を迎えなければならなかった。私が高野長英という人物に魅かれるのはただ一点、彼が自らの生きた時代に怨念を感じていたであろうと思えてならないからだ。その先駆的知性について、少なくとも後世の者は正当な評価を与えてしかるべきであろう。

南町奉行所同心の加藤某が、その晩年に語った内容をまとめた『続々歌舞伎年代記』（明治十九年刊）という書があるという。その書には高野の最後の姿が語られているそうだが、それによると高野は、江戸の青山百人町で沢三泊と名乗って町医者になっていたという。そこへ嘉永三（一八五〇）年十月三十日、戸板に乗せられた患者が運ばれてきた。今の言葉でいえば救急病院に運ばれた救急患者だが、高野は医師として当然、苦痛の声をあげている患者の診察を引き受ける。

戸板の上に横になっている患者を診察しようとしたときに、突然、その患者は「御用！」と叫んで高野を捕らえようとした。患者は幕府の役人だった。高野は、その役人をふりきって裏口から逃げだそうとする。ところが、裏口にも役人たちが待ち伏せしている。

高野は役人たちに組み付かれながらも、逃げようと試みる。捕まれば死罪か、それとも遠島(えんとう)はまちがいなかった。高野は必死に抵抗したが、ついに組み伏せられ、役人の縄にかかってしまう。役人たちは容赦なく高野を殴りつけたため、高野は立ち上がることができなかったという。縄で縛られたまま駕籠に乗せられ、南町奉行所に運ばれる途中、自ら隠しもっていた小刀でのどを突き自殺を図った。

もっとも、この自殺は高野の意思ではなく、逮捕時に役人たちから殴打されたためにすでに、死亡していたという説もある。その事実を隠すために高野は小刀で自殺を図ったと発表したのであろうとの疑いは、つねに付きまとっている。現在にいたっても高野の最期はつまびらかでないために、自殺は不自然であると説く論者もいる。高野は幕府の徹底した弾圧によって殺害されたとみたほうが悲劇性は増してくる。幕府の弾圧は知識人の圧殺にむけられたが、その時代の象徴としてはふさわしい。

攘夷への反逆者

　しかし、高野のその四十七年の人生を俯瞰してみると、自殺とみたほうが、高野の存在はかえって歴史的な重みを増してくるのではないだろうか。その軌跡を追う限りでは、ひとりの蘭学者が幕府の頑迷な役人たちの犠牲になったとみたほうがより正確だと思えてくる。高野自身、この期に及んで、幕府に逮捕された後の人生などとうてい考えられなかったであろう。

　逮捕時、高野は薬品（硝酸カリウムといわれているが）を用いて顔の一部を焼いていた。なんとしても幕府につかまりたくないとのその願いの日々は、当然ながら、見つかってしまったならば死を覚悟するとの日々だったように思われる。いつも死を覚悟していた日々のなかで、高野がかろうじて自分を支えていた信念とは、一刻も早く日本も洋学を取り入れなければ世界からとり残されてしまうという危機感だった。自分の意見を受け入れたほうが、幕府はかえってその英知と勇気をみとめられるにちがいないのに、どうしてそれがわからないのか、といった不満もあっただろう。

　高野が亡くなってその三年後、アメリカのペリー提督が浦賀に来航し、幕府に開国の要求を突きつける。以後の幕末の日本史は大きく揺れたが、結果的に、その目ざす方向は高野の指摘していたのと同じであった。こうした先駆者は、幕末の歴史のなかに数多く眠っている。私たちが幕末の時代に生きた知識人に関心をもつのは、攘夷という感情がこの国の歴史を誤らせ、洋学に謙虚な姿勢をもたなかったという理由からだ。この場合の「謙虚な姿勢」とは単にその知識を認めることだけでなく、知識吸収の源泉にある「学ぶ」という姿勢である。そのことを高野は教えている。

あえていえば、高野こそ「攘夷への反逆者」に位置づけるべきではないかと私には思える。

蘭学への飽くなき思い

高野のその四十七年の生涯とは、どのようなものだったのか。まず、それを鳥瞰しておこう。

一般に、高野は「医学を学んだ蘭学者」として語られる。彼は文化元（一八〇四）年に仙台藩水沢留守家の家臣である後藤実慶の三男として生まれ、九歳のときに父親が死亡すると、伯父の高野玄斎の養子になった。玄斎は漢方医の家に生まれ、自らも医学を業としていたから、高野もこの方向に関心をもちながら育った。もともと科学的な分野には興味があったといわれるから、その意味では、その進む方向は少年期に定まっていたといえるであろう。

幼名は悦三郎、実名は譲で、少年期には卿斎と名乗っていた。玄斎の養子になったとき、その娘である千越と婚約している。もっとも、このとき高野は十四歳であったから、婚約といっても、それは親が決めたというだけにすぎなかった。養父の玄斎は、大槻玄澤などとともに「天真楼」（杉田玄白の主催していた塾）でオランダの医学を学んでおり、この高野一族は学問に並々ならぬ関心をもつ人材を数多く輩出している。

高野の知的興味はみずからの周辺の人びとの知識だけでは満足できなくなり、彼は、まず江戸に出て、時代を動かしている新しい知識を吸収したいとの念を抑えることができなかった。そこで彼は、実兄の湛斎が江戸で漢方医学を学ぶのに同行したいと養父らに頼み、強引にそれを認めさせた。このとき十八歳だったが、周辺の人びとからは好意的な諒解を得られなかった。とにかくこの地にとどまって、まずは祖父や養父の手習いをしたうえで、医業を開始するようにという周囲の願いは少年にとっては生ぬるく映ったのである。

湛斎と高野が江戸で落ち着いたのは、日本橋堀留町にある薬問屋、神崎屋であった。ここの主人はやはり水沢の出身で、養父の知人であった。その後、高野は神崎屋からやはり医者の戸田健策のもとに身を置くが、町医者の実技よりも医学を学びたいとの志を捨てることができず、また神崎屋に寝泊まりしながら杉田玄白の流れを汲む杉田塾に通っている。実際に江戸で学ぶには、よほどの支援者がいないと無理なことが高野にもわかった。

高野は、江戸の荒波に身を任せながら、向学の志をもちつづけ、杉田塾で学んだ後は吉田長淑の蘭馨堂で学んでいる。高野は吉田に私淑し、その名から一字をもらい長英と称するようになった。卿斎の名を捨てたわけである。この名を自らの意思で変えたときに、長英は自らの係累との関係に一線を引こうとしたのかもしれない。実際に長英は蘭馨堂で本腰を入れて蘭学を学び、蘭学の薬の研究を進めている。

蘭学への情熱とシーボルト

こうした学究的な生活を送るには相応の仕送りがなければならず、養父の玄斎は乏しい家計のなかから長英の生活を支えた。

この十代から二十代にかけての長英の学究生活は、きわめて自分本位だったといえる。もともと養父の反対を押し切って江戸での生活を始めたにもかかわらず、困窮すると援助を求めてくるその姿勢に養父はしだいに不満を隠さなくなる。文政六（一八二三）年十一月に養父が病で倒れたとの連絡が入り、見舞いのため水沢に戻っても、養父は長英に会わなかった。この年、江戸で医業を開業していた実兄の湛斎が病で倒れ急死した。十二月には、長英の赤坂の家も火事で焼けている。

こうした人生上の災難が一時にふりかかってきても、長英は自らの道である蘭学の学習にひたすら努めた。このような体験を経ているうちに、長英は人間としてきわめて強い性格を身につけていったのだろう。加えて、長英は江戸にあって、蘭学の若手研究者としてしだいに名が知られるようになっていった。

その長英がどうしても長崎に赴いて、蘭学やオランダ医学を学びたいとの強い欲求をもつようになったのは、シーボルトが来日（文政六年）して、鳴滝塾を開いたという報せを耳にしてからだった。長英は長崎への手づるをさがした。江戸の研究者はこぞって、シーボルトの許で学ぶため手づるを捜すだけでなく、その費用の捻出を考えた。長英は玄斎のもとへ懇願にも似た手紙を送り、なんとしても長崎で学びたいと訴え、いくばくかの借金を申しでている。さらに長英の江戸の知り合いなどを訪ね歩き、借金の工面をしている。この折りの長英の行動はまさに猪突猛進、少し悪くいうならば、自分の目的のためにはどのような不義理も厭わないという態度をとった。

こうした長英の生活態度は、順調であれば大きな成果をあげるだろうが、ひとたび逆境になれば、身の破滅につながりかねない。というのは、敵をあまりにも多くつくるような妥協を知らない態度は、ときに美風になりえるが、この時代は、身を守るためには、ある程度の譲歩が必要な時代だったからである。長英はこの破滅への道をまっしぐらに進んでしまう。

そのために、長英は無用の軋轢を起こした。もう少し後の時代（二十年あとに生まれていればという意味だが）であれば、長英の性格はそのまま歴史的性格として貴ばれたにちがいなかった。

長英が長崎に赴いて、シーボルトの門を叩いたのは、文政八（一八二五）年である。鳴滝塾が開塾して間もないころだった。シーボルトの日本滞在は五年にすぎなかったが、この短い期間に長英や小関三英、鈴木周一、石井宗謙、戸塚静海、伊藤圭介ら三十人余りの門弟が育った。シーボルトはオランダ医学を講じるだけでなく、歴史認識や社会階層の分析、それに人間心理の分析にもヨーロッパの合理的思想を持ち込んだ。そのことは目に見える現実をなによりも尊び、抽象的で観念的な思考を空虚なものとして排斥することを意味していた。長英は、このようなシーボルトの教育をもっとも忠実に受けいれた門下生だった。

長英はどのような縁かはわからないが、大通詞（つうじ）の今村直四郎のもとに身を寄せている。そのためもあってか、長英のオランダ語は他の門下生より抜きんでていて、自在にシーボルトと会話を交わすことができた。

それゆえに、長英はシーボルト自身の日本研究の有能な助手のような役割さえ与えられた。とくに、長英にはドクトルの称号が与えられたという。現在、岩手県奥州市水沢に高野長英記念館があり、そこの冊子には、「シーボルトが持ち帰ったシーボルト文書の中に、門人が提出したオランダ語論文四十二点が残されている。高野長英論文は四十二点のうち十一点を占め、突出している。（略）長英の論文は『活花の技法について』『日本婦人の礼儀および婦人の化粧ならびに結婚風習について』『小野蘭山〈飲膳摘要〉（日本人の食べ物百科全集）』『日本に於ける茶樹の栽培と茶の製法』『日本古代史断片』『都における寺と神社の記述』『琉球に関する記述（新井白石〈南島志〉抄訳）』などで、日本の歴史、地理、風俗、産業などシーボルトの日本研究の基礎資料となるものであった」と書かれている。

シーボルトの真意がどこにあったかは定かではないが、シーボルトは最新のヨーロッパの知識や学術や思想を教えるかわりに、門弟たちから巧まずして日本に関するすべてを教えられたということができよう。それはまさに互いに利用し、利用される関係だったのである。むろん、長英を初め、日本の門下生がその点をどの程度理解していたかは不明だが、彼らはシーボルトから多くの知識を吸収したと思っていた。

文政十一（一八二八）年、幕府により海外への持ち出しを禁止されている日本地図をシーボルトが持ち出そうとしていることがわかり、逮捕された。そして幕府は、シーボルトを国外追放の処分に付した。あっけなくシーボルトの鳴滝塾は瓦解してしまった。この事件を機に、門下生は次つぎと幕府に逮捕された。長英は、シーボルトの身柄が拘束されたとき長崎を離れて旅行中だったといわれている。もっとも、このあたりの事情は現在に至るまで不明な部分が多い。長英はシーボルトの逮捕とそれにつづく門下生への弾圧を知り、いち早く長崎を離れたという説もある。これは大通詞の今村直四郎からの助言があったからかもしれない。あるいは当のシーボルトから身を隠すよう説得されたという見方もできると思う。

シーボルト事件に連座しなかったのは、長英の運命が好転していたからかもしれない。長英は西日本から肥後、筑前へ、そして本州に入り京都に辿りついている。別に幕府の追手に追われていたわけではないが、その間、それぞれの地で病人の診察をつづけ、そこで得た金で旅の資金を稼いでいた。

我、日本一の蘭学者たらん

この長英を探していたのは、むしろ水沢の高野家一族であった。水沢に戻り、玄斎のあとを継いで医業を開き、千越を伴侶とする約束を守って欲しいと長英に迫っていた。玄斎が死亡したため、長英はいまや高野家の家督そのものを継がなければならなかった。その意を受けて、一族の者と長英は尾道で会っている。しかし、今や実地の医業には関心がなく、医者として自信がない。それに友人の多い江戸で蘭学をつづけたい、と水沢に帰郷するのを拒む手紙を長英は託している。それまでの経済的な無心とは打ってかわった冷たい手紙であった。そのときの長英の心理は、先に紹介した高野長英記念館発行の冊子の一節に描かれている。これは他の類書よりも正確だと私には思える。

「長英の中に、日本第一の蘭学者としての自負心が芽生えていたことは当然であったろう。さらに、外国から閉ざされた鎖国時代の日本にとっての実践の学問である蘭学がいかに大事であるか、シーボルトから西洋の学問と外国事情を直接学んだ長英は痛切に感じていた。長英にとって、東北の片隅に引きこもり、留守家の医者や郷里の子弟を指導する道を選択することは、もはやありえないことであった。（以下略）」

長英は京都に着くと、改めて水沢の高野家へ義絶の手紙を出している。もう二度と水沢に行くことはない、私はもうこの世にいない存在と思ってほしいというものであった。このとき、長英は二十五歳になっていた。そして、京都から名古屋、東海道と、病人を診察しつづけながら歩いた。江戸に戻ってきたのは天保元（一八三〇）年十二月のことである。麴町で、蘭学塾「大観堂」を開いた。蘭医、蘭学者としてのまったく新しい人生を始めたのである。

これが、長英の四十七歳の人生の前半生だった。

いうまでもなく、長英のその後の人生は前半生の反映であった。それは〈知性のために孤立を恐れず〉という側面と、もうひとつ、〈我、日本一の蘭学者たらん〉という側面をかかえこんでの人生だった。知性への自負と、もう一面の人を人とは思わぬ自負は、この前半生のふたつの側面を反映したものであった。こうした性格がなければ、この時代には知の先駆者になりえなかったともいえるであろう。

江戸で蘭学塾を開いてからの長英は、多くの門弟をもちながら、オランダ医学の研究をつづけた。天保三（一八三二）年には『医原枢要』を著したが、これは当時のヨーロッパの医学をオランダ本をもとに書き上げたものである。こうした医学書を相次いで刊行するかたわら、飢饉に備えるための著書『二物考』を書くなど、三十代にかけての長英は実に精力的であった。こうして、長英は江戸でもっとも知られた蘭学者としての地位を確立していった。

長英と蘭学者仲間との交流は、当然のことながらふえた。それが、長英のもうひとつの顔となっていく。

長英は渡辺崋山の誘いで、勉強会のようなサークルに入った。天保三年のころである。崋山は思想家、画家であると同時に、蘭学に強い関心をもつ三河国田原藩の家老でもあり、藩主の信頼を得て藩政改革に乗り出していた。前述のように長英がオランダ語の書を数多く訳すことができたのは、崋山が藩費で長崎から洋書を取り寄せ、その訳出を長英やシーボルトの門下生であった小関三英らに頼んだからである。

崋山は「蛮社」という蘭学研究サークルを結成し、これは尚歯会（敬老会と同じ意味）とも称された。幕府が蘭学研究に目を光らせていたので、敬老者たちの集まりという名目で勉強会を開いたのである。崋山も長英も鎖国政策は誤りであり、今やこの政策は日本が世界からとり残されかねないとの意見を少しずつ発表するようになった。彼らの主張が先鋭化したとき、幕府は弾圧を加えた。

天保八（一八三七）年に、アメリカ船モリソン号が漂着していた日本人船員を救い、彼らを日本に送還するため浦賀に入港してきた。ところが幕府は異国船打払令（文政八年に施行）を発していたため、浦賀奉行は砲撃を行い追い払った。翌年モリソン号が改めて日本にむかうとの情報が長崎奉行から幕府に伝えられると、幕府は再度打払令で追い帰すことを決めた。このときオランダ側から「漂流民の返還を理由にイギリス船が日本に来航する」とモリソン号を誤ってイギリス船と伝えられたが、そこには、鎖国政策の変更を求めるとの意味が含まれていた。幕府はそのために異様なほど神経質になった。

この件が、蛮社の集まりでも話題になった。

崋山はすぐに『慎機論』を書いて、幕府の政策が近視眼的すぎると批判した。長英もまた『夢物語』と題する書を書き、もっと冷静な態度が必要ではないのかと説いた。崋山の『慎機論』は抽象的な批判が多く、長英の『夢物語』はきわめて実証的であった。長英はイギリスはどういう国か具体的に語り、その国民性についても、「勉強シ怠惰セス文学ヲ勤メ工技ヲ研究シ武術ヲ練磨シ民ヲ富シ国ヲ彊クスルヲ先務ト仕候浜海洲灘礁多ク外寇入カタク候ニ付近来欧羅巴大乱ノ時モ英吉利ハ孤立シテ国民干鯎ノ災ヲ免レ申候。国都ロンドン申所ハ至テ繁昌ノ所ニテ（以下略）」と書いている。そしてイギリスの植民地を具体的に説明し、軍艦の数からそれに乗る海軍兵力まで数字をあげて説いた。確かに当時の日本ではこのような説明が行える者は、たとえ蘭学者といえども長英以外にはいなかったのである。

長英はこういう状況を説明したうえで、〈とにかくイギリスの申し出は一度聞き、交易については鎖国の規定によって断ればよい。そうすれば日本の仁義の名を失わずイギリスも手の打ちようがない〉との結論をまとめた。正確な海外情報をつかんでいた長英は、イギリスの通商要求に対しては日本の法律を説明して断ればいいと提言したのである。

崋山と長英のこのふたつの書は関心をもたれ、写しとられて人びとの目にふれた。むろん幕府の役人にも知られていった。

反洋学派からの弾圧——「蛮社の獄」

これらの書に不満をもったのが幕府内部の反洋学派で、とくに儒学の大御所的存在だった林述斎の三男で目付の鳥居耀蔵であった。鳥居は、崋山や長英が鎖国政策に異を唱え、あえて国外への渡航を企てていると訴え、儒学に関心をもつ幕府の役人と結託して、崋山と長英らを逮捕した。これが天保十（一八三九）年五月のいわゆる「蛮社の獄」といわれる蘭学弾圧事件であった。蘭学者のなかでも突出していた崋山と長英が狙われたのであろう。

長英は自らの論文が国法を犯しているとはみていなかったので、この逮捕の裏には鳥居をはじめとする儒学者たちの陰謀があると思っていた。蘭学者弾圧のうわさが広がり、身を隠すように勧められもしたが、長英は崋山の逮捕後に、自ら奉行所へ名乗り出た。長英は、自らが説明すれば誰もが納得すると考えていたのだ。

しかし、こうした見方はまったく甘かった。長英の言論活動とその影響力はあまりにも大きく、しかも彼は言論活動を止める意思がなかったので、幕府の警戒心は儒学者たちの思惑以上に広がった。幕府は、長英の能力と識見に不安を抱いたのである。

幕府の判決は、この年の十二月にいいわたされた。崋山は、その没収された書類の中で幕府をなじり、国事を論じるという禁を犯したとして、藩の監視の下での蟄居を命じられた。つまり、崋山の日常行動について藩が一切の責任を負わされたのである。しかし、その後もなお崋山は藩内にあって藩政改革に意見を差し挟んだため、藩内の反対派から糾弾された。その責任をとって天保十二（一八四一）年十月に「不忠不孝」との書き置きをのこして自決している。一方、長英は町医者であったため監視する者がいず、終身入牢（「永牢」）の判決が下された。そして、その身柄は小伝馬町の牢屋敷に収容された。

こうして、長英の後半生は、国事犯として幕府との対決という形で始まった。むろん長英はこの判決に納得せず、牢のなかから主に従弟の茂木恭一郎宛の手紙で不満をもらし、幕府の儒学一派を激しく批判した。

とくに「蛮社の獄」の顚末を自分なりの目で書いた『蛮社遭厄小記』で長英は、蘭学の内容を詳しく説明したうえで、『夢物語』の内容はなにひとつ幕府の政策にふれていないと強く訴えている。長英は、幕府は自らの見解を正確に理解していないのみならず、日本はこのまま進めば世界の中でとり残され、いずれは「支那」のようにヨーロッパの国々に利用されるだけだと怒っていたのである。この事件を起こした、鳥居耀蔵らの策謀に対する怒りもまた、『小記』の中で遠回しにもらしている。

長英にとって不運だったのは、鳥居がその後町奉行にまで栄達したことだった。鳥居は儒学者たちから密かに支援を受け、長英に対しては、ひときわ強い憎しみの感情をもっていたからだった。

長英は、日本の将来をふたつの方向で考えていた。ひとつは大胆にヨーロッパの思想や文化を受け入れること、そしてもうひとつは人間は知識と教養を備え、その資質をたかめる存在だということである。ここには、もとよりオランダ本を通じて理解したヨーロッパ文化への畏敬の念がある。しかし、この畏敬の念は、ヨーロッパ諸国が、中国などで行っている異民族支配とどうつながっているかという点までは広がりをもっていなかった。ヨーロッパ文化を受け入れる窓口のような役目を果したというのが、長英の正直な姿であった。受けいれた後に、この文化をどのように摂取し、どう超えていくかという思想的心構えまでは長英は準備はしていなかった。

もし長英が「蛮社の獄」で弾圧されず、江戸の蘭医、蘭学者であったなら、この窓口の役割の段階から進んで、日本文化との接点を見つけていくことを考えたであろう。しかし、それだけの時間的余裕がなく、長英は幕府に睨まれて牢の中の人となってしまった。

長英の運命を変えた牢屋敷の火災

長英は、その前半生の間、故郷の水沢で彼の成長を期待し、その将来に望みを託し、そして乏しい家計の中から支援をつづけた養家との関係を、まったく自分本位の理由で断ち切った。それは日本の共同体が生み出す情念とのつながりを断ち切ることを意味したが、長英のエゴイズムは幽閉生活に入ったとき、まったく無残な形をとった。

現在、長英の書いた手紙は高野長英記念館に保存されている。それを見ていくと、その文通の主は大体が従弟茂木恭一郎宛であったことがわかる。茂木は高野家の縁者のなかでただひとり長英の学識を尊敬していた町医者であり、彼にしか長英はその胸中を打ち明けることができなかった。そこに、あえて孤立を求めた長英の心の傷があるように思える。長英が自分は日本一の蘭学者であると、あえて自ら称さなければならなかった所以（ゆえん）は、こうした孤立感にあり、それがまた幕府を刺激したのであった。

「終身入牢」の裁決を受けた長英は、牢のなかで、やがて牢名主となり、この牢生活において、さらに反幕府、反鎖国の感情を倍加させていったことは疑いえない。長英の心中では知性に対する信奉が日一日と薄らいでいくような人間的な屈辱がつづいていたであろうし、この牢にとどまっている限り、自らの一生は無為に終わるとの不安もあったはずだ。

投獄から五年目にあたる弘化元（一八四四）年六月三十日、小伝馬町牢屋敷で火災が発生した。囚人は一時牢を出され、決められた時間までに戻らなければならなかったのだが、長英は戻らなかった。この火事は放火で、出所した一人（栄蔵）が長英に頼まれて牢屋敷周辺に火をはなったといわれている。これは事実だとする説が有力である。長英が栄蔵に多額の金品をわたして火をつけさせるまでしたのは、長英の怒り、焦り、不満が限界に達していたからであろう。

長英には、もう脱獄にしか自分の人生を賭けるものがなかったのである。

長英の手配書は各藩に回された。「右の者、江戸表において不届きの儀これあり永牢仰せ付けられまかりあり候共、当六月晦日、牢屋敷出火の節、控の趣仰せられ後、切り放しあい成り候処、その後立ち帰り申さず」という一文は、長英を大犯罪者に仕立てあげた。こうして、長英は孤立して自らの道を切り開いていかねばならなかったのである。

長英の逃亡ルートについては諸説あるが、そのことはさして重要ではない。問題はそのルートのなかに肉親縁者がいたか、また、シーボルト門下生の間を転々と訪ね歩いたにせよ、そこでどのような待遇を受けたかということである。江戸に潜伏したあと水沢に戻って実母に会ったという説もあるが、実際は不明だ。肉親縁者を訪ねるために水沢には赴いていないというのが今や定説化しつつある。私もまたそう思う。長英は日々どこに潜伏していようと、人の目をことのほか気にしなければならず、どこにも落ち着けなかったであろう。そういう生き方を選んでいたからだ。

シーボルトの門下生、町医者仲間、そして自らの門人の間を転々としたというのが定説になっているが、誰も長期間にわたって長英を匿(かくま)わなかったことは、確かな史実とされている。そこから窺えるのは、長英の人間的なつきあいに欠けていたという生き方だ。

宇和島でのつかの間の学究生活

ただひとつ明らかになっている長英の滞在先がある。四国の西南部にある宇和島藩第八代藩主伊達宗城(むねなり)に匿われていたことである。

この藩は仙台藩主伊達政宗の庶子秀宗がおさめてから、伊達家が九代にわたって統治していた。長英が宇和島藩と結びつくルートがあった。長英が江戸市内に潜伏しているとの情報を、宇和島藩の江戸家老は耳にしていた。それを伝え聞いた宗城は、すべてを承知のうえで長英を宇和島に招いたとされている。なぜ宗城は長英の蘭学の知識を必要としたか。宇和島藩はもともと洋学吸収に積極的だったというのが、理由のひとつだった。さらに、幕府が海防強化を訴えているのに呼応して、同藩は独自に兵学にも力を入れていたからである。

その実態は、高野長英記念館の冊子にある次の一節が物語っている。

「宇和島藩は、藩士に高島流砲術を学ばせ、弘化元（一八四四）年に藩主になった伊達宗城は大砲の鋳造を行い、藩士に西洋砲術を奨励していた。ついで弘化三（一八四六）年、伊達宗城は幕府から十種の兵学関係蘭書百三十六冊と鍋島藩の蘭文兵書六種を借用し筆写させた。（以下略）」

こうした進取の藩は、長英の能力をなによりも必要としていた。兵法の近代化のために、蘭書によって砲術の能力を高めよというのが宗城の命令でもあった。

長英は嘉永元（一八四八）年二月、藩医の富沢礼中に同行して江戸を発ち、四月に宇和島に入った。長英は蘭学者の伊藤瑞渓と名を変えていた。この地で宗城から屋敷を与えられ、下男、下女がつく生活を保証されただけでなく、四人扶持の俸禄と翻訳料を与えられた。このなかから、江戸の妻子のもとに生活費をおくっていたという。この江戸の妻子についても諸説ある。いずれにせよ長英が妻子を得ていたことはまちがいないが、長英の蔭に隠れて歴史の年譜の表には出てこない。

長英の蘭書解読の能力は並外れていたため、藩士のなかでもとくに明晰な若者が弟子となった。この蘭学塾での教育では長英自身が学則を定め、徹底してオランダ語の習得に努めさせた。「学者、須く努力の二字を守るべし」という語をモットーにして、毎朝八時から午後一時ごろまで、とにかくオランダ語の習熟に努めさせた。そして午後の残りの時間には、門下生はひたすら復習を義務づけられ、少しずつ力がついてくると、長英は翻訳を行わせた。長英自身、宗城の求めに応じて、蘭学書を次から次へと訳していった。こうして訳されたのが『砲家必読』（全十一巻）などの兵書だった。

この宇和島藩での滞在はわずか一年足らずであったが、長英は自らの知的欲求をここで満たしたのである。

とはいえ、心理的にはつねに追い詰められていたようで、睡眠時にはいつも酒を飲んでいた。あげく三度の食事の折りにも酒を飲むようになり、いつも酒の臭いを発散させていた。そのため門下生の間では、長英について芳しからぬ噂もとんだ。酒に気を紛らわせていなければ、長英としては落ち着くことができなかったのであろう。

嘉永二（一八四九）年の春、宇和島藩に江戸から一通の手紙が届いた。幕府は宇和島藩に長英が匿われていると疑い、近日中になんらかの動きがあるという連絡であった。事ここに及ぶと、宗城もかばいきれず、長英はすぐに藩から出ざるをえなかった。長英は、また逃亡の日々を送ることになったのである。このとき、宗城は長英に五十両余の金をわたしたといわれている。

時代が人を反逆者にする

こうして長英は大坂、名古屋と、蘭医たちの間を転々と訪ね北上した。長英はこの間に額を焼いて人相を変えていたので、手配書が回っていてもまったく気づかれなかったという。こうして再び江戸に戻ると、家族を呼び寄せ、青山百人町で沢三泊の名で町医者の看板を掲げた。長英は、もう逃亡生活に嫌気がさしていたのかもしれない。江戸の町なかで、それこそ平然と医業を開業したのである。開き直りの感情、いや、自分の運命から逃れるのではなく、身はどうなろうとも自分の運命を受け入れようとの覚悟を、長英は最後に固めたのだろう。

こうした覚悟を固めた裏で、長英は時代のなかにかすかな躍動を感じとっていたのかもしれない。嘉永年代に入る前後からイギリスやイスパニアは日本との通商を求めてきており、幕府はその都度拒否していた。こうした外圧がこれからはより厳しくなり、いつか幕府は、その鎖国政策を捨てなければならなくなるにちがいない。今は幕府が世界に抵抗する最後のときであると、長英は判断したのかもしれない。

あるいは、長英の心中を読むと、妻ゆきが三十八歳、娘のもとが十歳、息子の融が三歳、そして理三郎はまだ生まれて間もないころであり、これらの幼い子供を通して自らの肉親血縁を遠ざけた生き方への自省が生まれたのかもしれない。長英の自決後、妻子四人は投獄されたという。妻も、そして三人の子供たちもその後、決して幸せな道を歩んだわけではなかったとの調査結果もある。

長英は幕府の手に落ちたとき、数人の南町奉行同心と格闘したが、組み敷かれて奉行所に連れていかれるときに、ためらうことなく自決を図ったとされている。その行為は、長英らしい身の決着の付け方だと思われる。

前にも述べたように、長英はあと二十年おそく生まれていたら——むろんそのときは、シーボルトの鳴滝塾で学ぶことがなかったにせよ——、その知的好奇心を満足させる洋学の学習が容易な時代を迎えることができた。長英というひとりの知識人が反逆を余儀なくされたその時代のなかには、人の生き方を学ぶうえでのサンプルが無数に眠っているというべきかもしれない。

9 大塩平八郎の義挙とその裏面

大塩平八郎（おおしお・へいはちろう）
寛政5（1793）年〜天保8（1837）年大坂出身。儒学者・陽明学者。1836年の飢饉の際、窮民救済、幕政批判を掲げて兵をおこしたが失敗して自害。

明治維新の先駆けとなった、たった一日の乱

大塩の乱は、天保八（一八三七）年二月十九日に起こった。この乱はわずか一日で鎮圧されたが、そこには幕藩体制を脅かす重要な問題が隠されていて、今では幕藩体制崩壊の第一歩、あるいは明治維新の先駆けとみる研究者もいる。事件そのものは、大塩門下の与力や同心、それに大塩の撒いた檄文に同調した富農や貧民などが大坂市内の豪商を襲い、米や金などを持ちだし、それを貧民、貧農に与えた事件であり、大塩平八郎の義挙とされている。もともと大塩は幕府の役人であったから、この事件のもつ意味は大きく、実際に貧農救済のため各地で大塩の思想に共鳴した役人の決起行動も起こっている。

天保八年にはこの大塩の乱に刺激されたせいか、全国各地で一揆が相次いだ。天保に入ってからは全国的に雨が少なく、日照りの日が続き、凶作、干ばつが常態となった。そのため農民は拝借米を代官所に訴え出たり、高利貸からの借金で飢えをしのがざるをえなかった。とくに大坂では、和泉、河内、それに摂津などの農村地帯で凶作がひどく、生活困窮のため夜逃げ、一家離散なども珍しくなかった。餓死する者もまた多かった。

「天保の大飢饉」と称される天保四年から七年は特に国中が飢餓状態になった。収穫は例年の三分から五分といった程度で、米価だけでなく物価全体が異常な高騰状態になり、農村が崩壊状態に陥るだけでなく、都市住民でも貧困層は極端なまでの生活苦に陥った。そのため生存をかけての一揆や打ちこわしが多かったわけだが、こうした苦境期にあって幕府も事態を傍観していたわけではない。米の給付や救護所の設置や米価の引きさげ、それに各藩に隠米の禁止も命じた。しかしそのような布告をだしても、各藩は密かに隠米を行い、江戸や大坂といった消費地に出回る米は極端に少なくなった。それが都市貧民層に打撃を与えた。

与力としての輝かしいキャリア

大塩の乱はこのような事態に対する抵抗運動として起こった。この義挙の主人公の大塩平八郎とはどのような人物か、それを見れば日本の封建体制の中に存在する〝義挙〟の意味がわかってくる。

大塩は、寛政五（一七九三）年に大坂町奉行の与力大塩敬高（よしたか）の子として生まれた。幼名は丈之助、その後、正高とか後素と名のっている。平八郎は通称らしい。大塩家八代目にあたるが、しかし七歳のときに両親を失い、それ以後は祖父母のもとで育てられた。文化二（一八〇五）年に、まだ十四歳だったが御番方見習として奉行所に出仕し、まもなく父親のあとを継いで与力となっている。それから文政十三（一八三〇）年に辞めるまで、二十五年間にわたり与力として働きつづけた。

ただ、体が弱かったせいもあるのだろうが、辞任を申し出たこともある。ところが大塩は与力として相応の実力をもっていたために、東町奉行の上司などからは慰留された。大塩は家系の絶えるのを不安に思って養子を迎え、その心配がなくなってからは一途にその職務に励んでいる。

各種の資料によると、大塩には与力として特筆される功績が幾つかあった。とくに「大塩の三代功績」といわれる文政十（一八二七）年の切支丹検挙事件、十二年の奸吏（かんり）糾弾事件、十三年の破戒僧処分事件がそうだという。奸吏糾弾事件では、大坂の豪商たちが西町奉行筆頭与力へ賄賂を与え、職務上の利益を得ていたのに大塩がメスを入れ、その折に没収した三千両を貧民に配布した。この時期には賄賂が半ば公然と行われており、実際に大塩にも豪商たちからつけ届けが送られていた。しかし大塩はそれを一切受けつけず、このようなことをしていればいつか罪が問われると逆に指弾していた。

大塩のこうした剛直さは豪商の間ではうとんじられていた。大塩は強い意志とその正義感によって妥協を許さぬ与力として煙たがられた人物だった。

文政十三年七月に、大塩は与力の職を辞める。養子の格之助に後を託した円満な勇退であった。それにしても三十八歳の身でなぜ辞めるつもりになったのか、それについて一文を書きのこしている。要は、自らが与力として思う存分に仕事ができたのは、恵まれた上司（高井山城守実徳）がいたからで、この上司が江戸へ移った以上、与力のポストにとどまっていても、これからは存分の仕事ができるとは思えない。したがって、新たに自分の人生を切り開くことにしたというのであった。

もともと自分は学問に関心があって、与力の時にも研鑽を積んでいたが、これからは学問を通じて求道の道を歩み、それを次の時代に伝えていきたいという。大塩の求道とは、つまりは陽明学を学ぶことだった。

大塩は辞職の翌日に、一編の詩を詠んだ。そこには、「昨夜閑窓、夢始めて静かなり、今朝の心地、僊家（せんか）に似たり、誰か知らん、未だ素交の者に乏しからざるを、秋菊東籬、潔白の花」とある。大塩にとっては、心が晴れやかな日々の始まりであった。

二十五歳で私塾「洗心洞」を開く

大塩は単に与力としての生活を送っていたわけではなく、その自宅に洗心洞と名づけた学塾を開いていた。一説には、二十五歳のころにそうした学塾を開いて、自ら学問に励むとともに、集まってくる塾生に対して、その知識を伝承していたという。

この洗心洞の教育を見ると、大塩がいかに多くの人々から信頼を得ていたかがわかる。ここで大塩に師事した門弟は、与力や同心、それに大坂周辺の藩士の息子たちであった。しかも大坂周辺の農村の農民もまたこの洗心洞に通っていた。そうした農民はいずれも富裕層であることにまちがいなく、地主階級でもあった。洗心洞の門弟は、幕藩体制を支える中間層の強い向学心をもつ者たちであり、その向上心の骨格にあるのが、求道という姿勢であった。

当時、こうした私塾で農民が与力や同心と共に学ぶのはめずらしいことだった。それは大塩が農民に関心をもっていたことを示すものであり、与力の時代にも休みの日に農村に出かけて、学問に関心のある農民には「知行合一」を説いたといわれている。

大塩が説いた本質は何だったのか。各種の資料をもとに私なりにまとめてみると、以下のようになる。

〈現在の政治体制は体制として満足すべきものであるが、これを支えるには、支配者が歴史に恥じない徳をもっていることが重要であり、民に対してつねに仁愛の政治を進めることである。支配者が良知や仁愛をもてば、民もまたそれに応えるだけの徳を備えるだろう。その徳とは、「子と為れば則ち孝の明徳」であり、「臣と為れば忠の明徳」である。この社会はそうした相互の人間練磨によって築かれるべきであり、その関係が円滑にいかない場合はこの社会は崩れても止むを得ない〉

もとより大塩とて、開明的な封建体制の打破を企てていたわけではない。当時の幕藩体制を全面的に肯定し、民は支配者によって指導されるのは当然と考えていた。だが、支配者には、徳を積むだけの日々の自己啓発が望まれていた。

大塩は幕吏に与えられる敷地五百坪に及ぶ屋敷に住み、洗心洞は、その一角につくられていた。森田康夫著の『大塩平八郎の時代』によると、「大塩邸は玄関を上がって右側に塾があり、左の方に読礼堂といわれた講堂があった。そしてその奥が中斎（保阪注・大塩の号）とよばれた大塩の書斎であった。講堂の西側には『学堂西掲』として王陽明が竜場に追放されたときに、その地の諸生に示した立志・勧学・改過・責善の額が掲げられ、東側には『学堂東掲』として、大塩が独学のなかで陽明学に開眼するきっかけを与えた、呂新吾の格言十七カ条の額が掲げられていた。これらはいずれも文政八年（一八二五）正月十四日に記されたものであった」という。

あまりにストイックな性格

大塩はこの洗心洞に入塾する門下生に対して、自らがつくった入学盟誓八カ条を示し、これに署名を求めた。つまり、自分のもとにきて「学」を志すにはどのような姿勢が必要かを明示したものであった。その九カ条そのものが大塩の求道を示しており、その第一条には、「学の徒は孝弟仁義を躬行するにあるのみ。故に小説及び異端人を感するの雑書を読むべからず。若し之れを犯さば則ち少長となく鞭扑若干」とあり、第三条には、「陰に交を俗輩悪人に締び、以つて楼に登り、酒を縦にする等の放逸を許さず」とある。

ここから窺えるのは、あまりにもストイックな大塩の人生への態度であった。塾での主眼は、欲望を克服して日々理知的な生活を送る、という点にあった。大塩の目にかなった塾生が常時十人ほど寄宿していた。日々の生活は、毎朝四時から講義、そして大塩が与力の仕事を終えて戻る午後三時ごろに一回、そして夜中に二回から三回とかなり厳しい求道の道だった。

読書と学習、そして安易な娯楽の禁止――もともと人間は理知、叡智に富むゆえに、それを自覚して、さらに良知をつかんでいかなければならないというのが、大塩の教育方針だった。

大塩は三十八歳で与力の職を退いたあとは、この洗心洞にあって塾生の教育に全力を注いだ。同時に、自らの前半生を振り返り、その人生に何が欠けていたかを自省し、そしてこれからどう生きるかという思いを綴った『洗心洞箚記』を書いた。これを天保四（一八三三）年四月に書き終えると、陽明学者などに送った。とくに佐藤一斎には、「佐藤一斎氏に寄する書」として自らの考え方を綴っている。そこには、こう書かれている。

「それ僕は本と遐方の一小吏なり。只だ令長の指揮に従ひて、顔を獄訟箠楚の間に抗げて、以て禄を保ち年を終へ、他の求め無くして可なりき。然り而して事に此に従はずして、独り自ら志を尚びて以て道を学び、世に容れられずして人に愛せられざるは、豈に左計ならずや。吁、僕を知る者は其の志を憫み、僕を知らざる者は左計を以て之を罪するも宜なり。而して僕の志には三変有り」

大塩は、佐藤に対してきわめて自信にみちた態度でこの書を書いている。自らの孤独な心情の中には自らでしか理解できない運命的な道があり、他人にどのように思われようともそれは仕方がないこと、と人生観の一端を吐露している。ここでいう「僕の志には三変有り」というのは、人生のなかで三度覚悟を決めるときがあったという意味だ。先の森田康夫の著書では、大塩家の祖先が今川氏の臣で、今川氏亡きあとは徳川家康に仕えたという家系の流れを確認したときの大塩の心理の変化をその覚悟のひとつとして重視している。

大塩家には徳川家康の側にあって武勲をたてた歴史があるが、自分は単に一介の俗吏にすぎないことを大塩は恥としていたという。「功名気節」をもって祖先に恥じない生き方をしたいというのが、自分の人生の志だというのである。大儀や大望を求めても、すでに幕府の体制が相応に完備している以上、大儀や大望などの「功名気節」の機会などない時代に生きている焦りが、ここにはみられる。

大塩が佐藤一斎に宛てた書のなかには、いささか自己反省を含めた幕吏告発の響の伴う部分もある。「吏人は未だ嘗て学問せし者有らず。故に過失ありと雖も、益友の之を誡ぐる者無し」とあり、与力を初めとして幕府の役人には学問的知識や人間的深みに欠ける者が多く、そのため権力をふり回し、民にひたすら威張り散らす輩も多いと言ったあとで、これでは裁く者と裁かれる者の違いは一体どこにあるのか、と批判した。

さらに大塩は、学問的知識や人間的な深みのなさを自覚したときには、学問に励むという精神が生まれなければならないのに、そうした努力が欠けているのが現状だとも指摘した。大塩自身は儒学に出合い、やがてその教えに物足りなさを感じていたときに、陽明学と出合い、陽明学の説く「良知」を己れのものとし、「以て諸を人に諭せり」と自らの知的な変化を佐藤に語っていた。この佐藤への一文は、大塩が幕吏を離れたときの自らの心構えでもあった。

官僚主義への怒り

辞職後の大塩は、先の佐藤への一文にあるように、祖先の武勲に対して、どうすれば自らがそれに値する人物になれるかの研鑽の日々であった。しかし、功名気節を得る志を生かすと思われる出来事も起こった。天保六（一八三五）年に老中大久保忠真が、大坂西奉行を勤めていた人物から、大塩という元与力が有能であるとの報告を受け、江戸でそのポストを与えるという噂が流れた。凶作のため全国的な一揆、打ちこわしが起こり、民を思う与力が必要だった時代だが、これは単なる噂に終わった。

大塩は自分のもとに届いたこの噂に、内心では期待をもったが、しかしこれは実らなかった。実らなかったのはなぜなのか、その真偽は不明だが、そこには推測がなりたつ。以下、推測と断って述べておこう。

天保四年から七年の飢饉の間、大坂の都市貧困層や周辺の農民層は苦境のどん底にあった。大坂では当初は西奉行、東奉行とも米の買い占め禁止や官有の囲籾を安価に売りさばくなど積極的に飢饉の対策を立てた。富裕層にも自主的に自らの保存している米を出させるなど、とにかく急場をしのいだ。

ところが天保五年は半ばから天候が不順になり凶作となった。洪水が起こったり、大坂市内では大火があった。このために九月には、米屋の焼き打ち事件が相次いだ。そしてこのときから、東町奉行跡部山城守良弼（あとべやましろのかみよしすけ）が奇妙な行動をとり始めて、事情を知る与力と町人の間には不穏な空気が流れていった。跡部の行動というのは、次のような自らの栄達を意図した狡猾なものであった（この部分は「大塩事件と社会変革」『日本の展望』第三号、昭和五十二年七月一日発行から引用する）。

「（跡部は）諸国からの大坂八津米をふやすことを奨励し、また流出を禁じて京都や近江の人々が五升一斗の米を買いだしに来ても逮捕する政策をとりながら、他方では幕府から翌年に予定している新将軍宣下の式典準備のために江戸廻米令を受けるとひそかに兵庫から多量の米を江戸に送っている。跡部は自分の功名のために窮民を犠牲にしたのである」

この措置によって、大坂の貧困層のなかには餓死するものも少なからずあった。つまり大坂に集められた米は、一役人の功名のためにすべて江戸に送られることになったのだ。こうした義に反する行為は、幕吏のなかでも、反感を呼んだだけでなく、その腐敗を批判する声もあがった。むろん大塩もこうした事実を知るとすぐに養子の格之助を通して、跡部に対して貧民の救済を進めるよう強く迫る文書を送った。人びとの窮状をなんとも思わない指導者に、どのような徳があるというのか、こういう徳のない人物には民とて当然ながら良知や道義で報いるわけはないではないか、というのが大塩の怒りであった。

こうした奉行所のなかにはびこっている自らの栄達しか求めない官僚主義、それを取り除くことこそが「天怒に謝す」べき行為と大塩は考えた。

このような奉行所の腐敗は、当然のことながら、大塩の江戸への復職を阻止する原因になっただろう。もし大塩が老中の指示で江戸に取り立てられれば、それは好むと好まざるとにかかわらず、腐敗が露見しかねず、それを恐れた大坂の奉行所の与力たちが、大塩登用の阻止役として動いたのではないかと思われる。むろん大塩は、自らの乱にこうした役人への報復という意味をもたせたわけではなかったが、しかし、自らの属した奉行所の不正には心底から怒ったことだけは間違いない。

この大塩の乱には、天保八年二月に起こったときも、そしてそれから百五十年も伏せられていた事実がある。平成元（一九八九）年のＮＨＫのテレビ番組によれば、実は大塩は蜂起の前日に、老中首座の大久保忠真や水戸藩主の徳川斉昭らに宛てて大坂町奉行の不正を克明に記した密書を書いていたという。その密書は、結局は大久保らの手元にはとどかなかった。それが新たに発見されて、大塩の乱はそれまでとはまったく異なる解釈が可能になった。

大塩の乱の背景

大塩が与力の職をはなれたのは、単に東町奉行の高井実徳が江戸に戻ったために、それに殉じて辞めたというだけではなかった。まず一般にいわれている大塩の乱について紹介しておこう。

大塩は貧民を救うために、具体的にいつ挙兵を決意したのだろうか。一説では、大塩は天保七年九月にはひそかに火薬を貯え、門下生などに銃砲の練習をさせていたとか、十月にはすでに決起のための檄文を書き終えて、その準備に入っていたように語られているが、そうした説は決行後の奉行側の調書などによるもので、それほど正確とはいえない。このような説は、大塩の乱の影響力をできるだけ削ぐために、風変わりな人物の反幕府行動の枠に押し込めようとしているだけだ。むしろ、貧民層を代弁しているような類の側面をできるだけ削ろうとしている。

正直なところ、幕府が江戸廻米令を出したのは十一月のことなので、それ以前はまだ大塩も前述のような怒りを増幅させていなかった。したがって、決起への決意は天保七年十二月から翌八年一月にかけてとみられる。

この間に、大塩は自らの行動計画を練り、そのための檄文もまた書き上げた。同時に、大塩の乱は、大塩個人ではなく、大塩の教えにふれた農村の富裕層が積極的に参加している事実もまた忘れてはならない。こうした富裕層は、貧農の先頭に立って日ごろから幕府への請願を積極的に進めていた。もとよりそこには反幕府感情があり、彼らの心底には、〈世直し〉という動機があっただろう。この世直しは、社会体制の改革だけでなく、人心に背いた絶望的な心理状態からの解放も意味していた。

貧農層はしだいに農村を脱け出して、都市へ流出していた。飢饉のときに富裕層は代官所に対し、凶作がはなはだしいため村を逃げ出す農民がふえ、農民の数が減少していると訴えた。そして田畑の作柄が劣るのは農民が大坂に出て奉公人として働き、金を稼いで再び農村にもどってきても、怠け者となり地道に畑仕事を行わなくなり、生活に困ると借金を繰り返すようになるからだと訴えた。なんとか村の秩序を維持したいというのが、富裕層の願いだった。大塩はもとよりこの富裕層の意思を代弁すると同時に、農民たちの心の〈世直し〉をも考えていた。

檄文に込められた名分

大塩の書いた檄文は、字数にすれば二千字を超えているが、その内容は極めて挑戦的である。

まず大塩は、「四海にこんきう（困窮）いたし候はば天禄ながくたたん、小人（しょうじん）に国家をおさめしめば災害並至と、昔の聖人深く天下後世人の君、人の臣たる者は御誡置かれ候ゆえ、東照神君に鰥寡（かんか）孤独において尤あわれみを加ふべきは是仁政の基と仰置かれ候」と書く。つまり、こうした災害の意味は、小人に国家をおさめせしむることへの警告なのだと書き始める。そして「猶（なおも）小人奸者の輩大切の政を執行、只下を悩し金米を取立てる手段斗（ばかり）に打懸り、実以小前百姓共のなんぎを、吾等如きもの草の蔭より常に察し悲候得ども、湯王武王の勢位なく、孔子孟子の道徳もなければ、従に蟄居いたし候処、此節米価弥高値に相成、大坂の奉行並諸役人とも万物一体の仁を忘れ、得手勝手の政道をいたし、（以下略）」という一節がつづく。これは、信望の篤かった大坂東町奉行の矢部駿河守や高井実徳に代わって、老中水野忠邦の弟である跡部山城守が登場したため事態はまったく変わってしまい、大塩の献策などに耳を傾けなかった事実をさしている。

大塩は、さらに大坂の困民層の実態にふれていく。幕吏たちは華美で自堕落な生活を送っている。それだけではない。この不公平な社会の姿に、我々は相応の努力はしたが、それは実らなかったともいっている。そこで決起を考えたと述べたあとで、次のように書く。

「去り乍ら此度の一挙、当朝平将門・明智光秀・漢土の劉裕・朱全忠の謀反に類し候と中者も、是非これある道理に候得共、我等一同心中に天下国家を簒盗いたし候慾念より起し候事には更これなく、日月星辰の神鑑にある事にて、詰る処は湯・武・漢高祖・明太祖民を吊、君を誅し、天討を執行候誠心而已にて、若し疑しく覚候はは、我等の所業終る処を爾等眼を開て看、（以下略）」

我々は、こうした腐敗せる吏人に天誅を加え、貧民を救いたいというのであった。決して謀反者ではないという。この檄文の末尾には、「天命を奉じ天誅いたし候」とある。その日付は「天保八年酉年月日」となっていた。

天保八年があけてまもなく書かれたこの檄文は、門弟たちを通じて貧農層の間に撒かれた。大塩は、「誰のために、なぜ、起ちあがるか」という名分だけは明確にしておきたかったのだ。

この決起の前に、大塩はいくつかの試みを行っている。打ちこわしや一揆に走る大坂市内の貧民、あるいは周辺農村の貧農に対して、大塩は、豪商のもとに赴き自主的に援助を行うよう求めた。それが断られると金六万両の借銀を求めたが、それは跡部山城守の圧力で潰された。このような大塩なりの献策がすべて潰されたのも、決起に走る理由だった。さらに決行直前の二月六日、七日、八日の三日間に、大塩は全蔵書を売り払って捻出した六百両余を貧民に配った。そして、貧民たちに、「もし天満に火災が起きれば必ず駆けつけよ」と申しわたした。豪商たちの倉庫を焼き打ちするから、このときに略奪せよという意味だった。

大塩は、遠回しに計画を伝えたともいえるだろう。しかし、こうした善意はまさに大海に水を一滴たらすような意味しかなかったのである。

大塩の計画は、門下生や周辺の豪農、貧農、それに都市の貧民なども交えて二百人から三百人の規模で、大坂の東西ふたつの奉行を襲って、「小人（しょうじん）」の与力などを押さえつけ、また、豪商（鴻池屋、平野屋など）を次々と襲い、そこを焼き払うというものであった。貧民にこうした豪商の隠米を送るというのが狙いだったのである。決起は申（さる）の刻（こく）（午後四時）とされていた。ところが挙兵直前に、大塩の同志であった同心のひとりが裏切り、大塩の計画を跡部のもとに伝えたために、計画はすべて筒抜けになってしまった。それと同時に、跡部によって呼び出された同心のひとりが、逆に大塩らのグループの同心や与力に「計画が洩れている」と伝えてきた。

「明ケ五ッ刻」決行！

こうした動きを見て、大塩は決行の日時を十九日の「明ケ五ッ刻」（午前八時）に早めて、同志の間に伝えた。決行はいささか性急に進んだわけで、大塩の門下生は檄文をもって近在の村に飛んだ。蜂起に参加した大塩の側近たち二十人近くの一党は、まず大塩の家に火を放ち、大塩の家の近くにある東町奉行所の与力朝岡助之丞宅を砲撃し、それを合図に決起して大坂市内の天満一帯にある与力の屋敷を襲った。

この火の手を見て、大塩の檄文に呼応する農民たちが大坂の町に入った。

大塩は甲冑、黒陣羽織姿で旗を掲げていた。この旗には「救民」と書かれ、そのほか今川家紋処などの幟や大菩薩の旗などもあったといわれているが、大塩を先頭とする一団は、天満の与力屋敷に鉄砲を撃ち、次つぎと火災を発生させた。彼らはまるで憑かれたように、声をあげるでもなく、まずは与力屋敷一帯を火の海と化したのであった。

大坂の町に入り、北船場に入った一団は、豪商の家に火を放った。これは午後一時ごろといわれているが、しかしこのころになると奉行側も大塩の反乱に応戦態勢をとり、大塩側と撃ち合いになった。この反撃に、農民の側は戦意を喪失した。

とくに淡路町一帯での砲撃戦では、農民側に二人の死亡者が出たと記録には残されている。午後四時ごろには、決起に参加した農民たちは町から姿を消した。八時間で、とにかく大塩の乱は幕を閉じたのであった。

記録によると、大塩は大坂の町の混乱を避けるため、東横堀川の付近から門弟たち十四人と船に乗り、淀川に出た。夜になると、また東横堀川に戻り、大塩の妻ゆうに遺言を伝えるためにふたりを下船させ、五人の門弟に身をくらますよう諭し、この反乱がどう受け止められるかを見届けさせることにした。最後に残ったのは、大塩の養子格之助を始め五人の門弟であった。いずれも大塩に従うと約束した者たちばかりだった。大塩はこれだけの乱を起こしたのだからと自害を主張したが、ここで死んではどのような言われ方をするかわからないから、とにかく生き延びようとの論でまとまり、ひとまず別れを告げて、それぞれが思う形で身を隠すことにした。

ある者は僧になりすまし、またある者は夜こっそりと大坂から離れようとしたが、奉行所側の追及は厳しく、いずれもすぐに捕まっている。

また大塩の思想に共鳴して参加した同心の渡辺良左衛門のように、山中にあって自害した者もあった。

大塩は養子の格之助と行動を共にし、いずれも僧に姿を変えた。ふたりをかばう農民たちの間に強固な支援組織があったことがわかる。ふたりは、大坂の靭油掛町の美吉屋五郎兵衛宅の離れに身を隠していた。しかし奉行の追手は徹底していて、大塩と関わりをもっていた人物はすべて調べられ、そして彼らの家屋敷もすみずみまで探索された。美吉屋の離れに与力が踏み込んだとき、大塩は離れに火を放ち、格之助とともに炎に包まれて自害した。

それが三月二十七日のことである。じつに、事件を起こしてから三十七日目であった。

大塩の乱はこうして幕を下ろし、翌天保九(一八三八)年八月二十一日、大塩の乱に加わった者に裁きが下された。なんらかの形で大塩と関わりのあった者や洗心洞で学んだ者まで含めて、その罪が問われるという一方的な裁決で、総数七百五十人に及ぶ関係者のうち、磔刑に処せられた者二十人、獄門十一人という厳しいものであった。豪農のなかには闕所の処分を受ける者が多かったが、それでも農村では大塩の乱の参加者はひそかにかばわれていた。

大塩の乱の参加者が、奉行側の中傷、誹謗にもかかわらず、その後も相応の畏敬を受けたのは、あまりにも悲惨な天保飢饉のなかで、貧民救済の旗を掲げて幕府に抗した、その人間性に信頼をもたれたからだった。その後の大坂周辺の農村では、凶作などの折りに一揆がおこり、そのたびに大塩につづけとばかりに、大塩の勇気や侠気がひそやかに農民たちの口で語り継がれ、〈民衆の英雄〉という称号が与えられた。

実際に大塩の乱から二カ月後には、「大塩平八郎門弟」の一揆がおこり、そうした一揆はその後なんどもつづいた。そのため、ますます神経をとがらせた幕府は、大塩の私生活には倫理に反する行為が多かったという報告書をまとめ、それを大坂の町人や農村の人びとに配った。しかし、ますます大塩伝説は増幅され、「大塩平八郎は必ず生きている」という者も出て、幕府に反感を抱く者がふえた。

かつて大塩を見た頼山陽の母は、すぐに次のような和歌を詠んだという。

うらおもてなければ人にあほがれて
　ときに扇の風ぞ涼しき

大塩は四十五歳で死んだが、あと三十年生きていれば明治維新であった。幕末ならどう生きたであろうかと想像力をかきたてられる人物である。必ずや何事かをなしたであろう。

消えた密書と事件の真相

前述したように、大塩は決行の前日に江戸に宛てて密書を三通送っていた。この内容は、平成元年にＮＨＫのテレビで紹介され、大塩の乱の理解が根本から変わった。それはどのような内容だったか。

大塩は、この密書を老中首座の大久保忠真や水戸藩主徳川斉昭らに送った。ところがこの密書は宛先が不明として、大坂へ戻されることになり、その途中箱根で飛脚の代役を勤めた無宿人に放置されてしまったという。そこで代官の江川太郎左衛門の目に留まり、江川はその密書を開けて驚いた。大坂町奉行の不正から幕府の役人の不正蓄財までこと細かに調査され、記載されていたというのだ。そこで江川はそれを内密にすべて転写し、そして密書として幕府に送った。すべてがひそかに行われた。しかしこの密書は、本来の宛先の徳川斉昭には届いていない。つまり、闇から闇に葬られてしまった節がある。

専修大学教授青木美智男はそのことを「不正告発のゆくえ　大塩平八郎」（『歴史読本六〇〇号記念　日本史を変えた人物二〇〇人』）で指摘し、「密書で重要なのは『大塩後素建議書』と題する大坂市中や周辺農村での幕閣らの不正蓄財法を暴いた『不正無尽取調』である。そして大久保をはじめ老中四人、六十を超す大名と旗本、八十弱の公家・寺社が名指しされている。（以下略）」とのべている。大塩は、自らの上司として畏敬していた東町奉行高井実徳とともに、三大功績のひとつといわれる不正事件の調査を進める過程で、幕府の中枢を含めての大がかりな汚職の構造を知ったのだという。大塩は与力を辞めたあとも、この汚職がつづいていることを知った。飢饉にもかかわらず、大坂の米は江戸へ運ばれていて、それに豪商などが加担している。実は大坂周辺の農民が飢えているのは、この汚職の犠牲になっているからだ。先の青木によれば、大塩の檄文が執拗に幕臣と豪商を攻撃しているのは、この汚職に対する批判にあったというのである。

つまるところ、大塩は自らとその門弟たちによって大坂の与力や豪商を焼き討ちするとともに、幕府の良心派がこの汚職構造にメスを入れ、それを一掃することを期待していた。そのふたつの意味をもつ攻撃だったというのである。

大塩は美吉屋の離れにいながら、ひたすら幕府のなんらかの動きを待っていた。しかし、密書は幕府に届いたにせよ、それは指定の受取人のもとへは達しなかった。もし大塩の動きがこのように計画されたものであったなら、この密書は誰かの手によって握りつぶされたのである。大塩は、三十七日間ひたすら、幕府が大坂の奉行所に何らかのメスを入れることを待ち望んでいたわけだ。しかし、何らの動きもなかった。

むしろ大坂の奉行所の大塩追跡があまりにも徹底していたことは、大きな汚職を行っている幕府の要職からの督励があったからではなかったか。その推測を後押しするものとして、大塩が火を放って自決したのではなく、与力に殺され、その上で証拠をなくすために、その離れが焼かれたという見方をする研究者もあらわれた。

大塩には、天保四（一八三三）年に著した『洗心洞箚記』という書がある。大塩が身につけた陽明学の思想にもとづいて窮民救済を呼びかけたものである。そこに、有名な一節がある。

「君子の善に於けるや、必ず知と行とを合一す。小人の不善に於けるや、亦た必ず知と行と合一す。而して君子若し善を知りて行わずんば、則ち小人に変ずるの機なり」

これを読むと、自分は今起たなければ、貧民、貧農を泣かせて暴利を貪っている悪徳汚職役人と同じレベルの「小人」になってしまうことを、大塩は強く恐れていたのかもしれない。

大塩は炎に包まれて死んでいったのだろうが、その心中で、いつの日にかその心情が正確に理解されるものと信じていたのであろう。すでにこの時代にも、大塩は「死んではいない。支那にいる」との願望まじりの噂が、大坂の民衆の間で広まった。そして末長く語り継がれていった。

10 大石内蔵助の時間と空間

大石内蔵助（おおいし・くらのすけ）
万治2（1659）年～元禄16（1703）年播磨国赤穂藩の家老。主君浅野長矩のあだ討ちのため、1702年12月14日赤穂浪士46人とともに江戸本所吉良上野介邸に討ち入った。

〈仇討ち〉思想への疑問

日本人はなぜ「忠臣蔵」が好きなのだろう。戦後民主主義の息吹を確かめながら育った私は、毎年十二月になると「忠臣蔵」の映画に熱狂する日本人の心理構造に奇妙な感を抱いたものだ。

私自身は、「忠臣蔵」が肌に合わないので映画などとても見る気になれない時期があった。とくに、あの元禄十五（一七〇二）年十二月十四日に赤穂藩の浪士たちが陣太鼓の音と共に吉良邸へ討ち入りするクライマックスをみるたびに、そのあまりにも仕組まれたドラマの筋立てに嫌気がさしてしまった。なぜこんなドラマに関心があるのだろう、と私は疑問をもっていた。しかし、年齢が増すにつれ、この事件の背景にはもっと奥深い何かがあるにちがいないと感じるようになった。

明治時代の日本研究者B・H・チェンバレンは、この義士的行為について「彼らは、彼らの時代と国家の倫理道徳を守ったのである。二世紀にわたる全国民の熱誠あふれる賞賛によって、彼らの行為は報われた」（『日本事物誌』）と述べているが、これは過大評価の感を免れない。はたしてこれほど立派な行為だったのかというのが、私の確かめたいことだった。

「忠臣蔵」に熱狂する日本人の心性の奥に秘められているのは〈仇討ち〉の思想、一言で言えば復讐である。単なる復讐といってしまうと少々誤解を与えかねないが、要は主従関係のもつ危うさと純粋さが、このドラマのなかにはある。主君に対する絶対的帰依は、武家社会の基本的なモラルだが、そうした帰依は際限ないわけで、心理的にはより虚無化していく。それが私のいう危うさである。狂気の世界に入り込んでいきかねない。

この危うさから脱する道はただひとつ、とにかく行動を起こしてこの自らの心理状態を解放しなければならない。赤穂四十七士には、危うさから逃れるための自己防衛という姿が見える。

純粋さは日本人がもっとも好む倫理規範だが、それは目的に向かって直線的に進む性急な行動である。赤穂浪士が隠密裏に〈仇討ち〉計画を進めていくプロセスで、その計画自体がまったく洩れないことなど考えられない。浮かれた元禄の時代とはいえ、幕府権力がこうしたプロセスを知り抜いていたであろうことは容易に想像できる。にもかかわらず、なぜかれらの行為は黙認されていたのだろうか。幕府内部では〈仇討ち〉が待ち望まれていたと考えても不思議ではないだろう。

大石内蔵助を始めとする赤穂浪士たちのもつ純粋さが、現実の政治技術のなかで試されていた。彼らは、幕府内部の無言の支援を背景に決起を起こしたのではなかったか。そして、純粋さこそ忠君の骨格であることを裏づけたのである。

忠臣蔵の発端

「忠臣蔵」の起点は、元禄十四（一七〇一）年三月十四日であった。この日、譜代以上の大名はすべて登城を命じられていた。五代将軍綱吉自らが勅使院使を江戸城にむかえて答礼する儀式が予定されていたからだ。綱吉の母桂昌院に従一位が贈られることもあって、朝廷から何人かの勅使が江戸城にきていたので、城内の空気はいつもより緊張していた。勅使や院使の接待役をつとめたのが播州赤穂藩の藩主である浅野内匠頭長矩（ながのり）ら二人で、彼らは高家衆筆頭の吉良上野介義央の指示を仰いで動く手筈になっていた。浅野と吉良の間には、すでに打ち合わせの段階で感情的な摩擦があった。あるいは浅野が吉良に賄賂を贈っていなかったので吉良は快くおもわず、底意地のわるい厭がらせをしていたとの説もある。

とにかく、ふたりは相性のわるい関係だったわけである。

作家の中村彰彦は、各種の資料を分析してこの日一日を描写した一文（『別冊歴史読本特別増刊　歴史を変えた24時間』）を発表しているが、そうした資料を参考にして、江戸城松の廊下の刃傷事件を見てみよう。

事件は巳の刻（午前十時）に起こっている。旗本の梶川与惣兵衛が松の廊下に来て、浅野内匠頭に挨拶をした。与惣兵衛は桂昌院からの内使として、奏答が終わったら桂昌院に連絡するので伝えてほしいと浅野に頼んだ。浅野は「心得て候」と答えた。そのとき、与惣兵衛は白書院の方から吉良上野介がこちらに来るのを見たので、呼び止めて、廊下の一角で立ち話を始めたという。この立ち話の間に、浅野内匠頭が、

「この間の遺恨覚えたるか！」

と、叫んで吉良上野介の背後から切りつけた。振り返った上野介の額にもういちど太刀がおろされた。瞬時のことだった。さらに浅野が切りつけようとするのを、与惣兵衛がとびかかって抑えつけた。付近にいた高家衆などが浅野をその場から引きずりだした。

浅野は、その間大声で、

「上野介事此間中意趣これあり候故、殿中と申し、今日の事かたがた恐れ入り候へども、是非に及び申さず打ち果し候」（『梶川氏筆記』）

と叫びつづけた。それを与惣兵衛がたしなめている。

そのあと浅野は、城内の目付から厳しく訊問された。「一言の申し抜きこれなし。

上へ対し奉りいささかの恨みもこれなく候へ共、私の遺恨これあり、一己の宿意をもちて前後忘却仕り、打果すべく存じ候て刃傷に及び候」と答えたという。吉良上野介の傷は深いと目付から聞かされて喜色を浮かべたというから、よほどの恨みをもっていたのだろう。

浅野は綱吉の命で、奥州一関藩主田村右京太夫建顕邸に預けられ、切腹の命を受ける。午後六時、浅野は田村邸の庭で、「風さそふ花よりもなお我はまた春の名残をいかにとせん」と辞世の歌を詠んで切腹した。三十五歳の一期であった。

一方、吉良上野介も目付から訊問を受けるが、「拙者何の恨みも請け候覚えこれなく、全く内匠頭乱心と相見え申し候」と答えている。心あたりがないとの報告を受けた綱吉は特別に咎めることなく、「其方御構ひこれなき間、手疵養生致し、前々の通り御役儀相務むべし」(『赤城士話』)との処遇を決めた。そのため、吉良上野介はそのまま自邸に戻って療養をつづけた。

綱吉は城中での刃傷沙汰に困惑し、勅使院使に奏答の儀は延期するかと尋ねさせたが、院使たちはまったく構わないというので、式場を白書院から黒書院に変えて儀式は行われた。浅野の狼藉は、朝廷と幕府の奏答の場を汚したという一事を残した。

城内にいた浅野家の家臣団と浅野家の品々はすべて即刻取り払いの処置を受けた。

さらに浅野の遺体を引き取るよう木挽町の浅野家別邸に連絡があり、ふたりの家臣が一関藩邸で引き取ったあと、泉岳寺にはこばれた。その日の夜、浅野家の墓前でふたりの武士が殉死している。それがこの日（元禄十四年三月十四日）一日の動きだった。

ところで、浅野が吉良に抱いた恨みとは何だったのか。ドラマなどでは、吉良が儀式に通じていない浅野を田舎ざむらい扱いしたことへの恨みとされているが、正直なところ真相はわからない。徳川幕府の歴史書である『徳川実紀』によれば、伝聞として、上野介は儀式全般に通じているので各大名はしばしば賄賂を贈って教えを受けていたが、浅野はまったくそのようなことをせず、しかも、お追従を口にするわけでもなかった。そのため、上野介はこのときも浅野には儀式の重要なしきたりを教えなかった。浅野は時間に遅れたり、口上がいえなかったりと恥をかいていた。これを恨みに思って、この凶変に及んだという。ふつうは徳川幕府の正式な歴史書では伝聞をとりあげることはないが、高野澄の『大石内蔵助の謎』には、「そういうことをあわせて考えると、伝聞採用とはいえ（浅野）長矩の行為の原因を『遺恨』として、正式な記録にのこしたのは、むしろ異例に属する。この異例が大石内蔵助たちの異例な行動につながった」と書いている。

大石のルーツ

さて、大石らの一年九カ月後の討ち入りはどのような意図で行われたのか。また、大石のこの反逆はどういう意味をもっていたのか。

赤穂浪士を率いて歴史に名を残す人物となった赤穂藩家老だった大石内蔵助とは、どのような人物か。前出の高野の書や飯尾精の『大石内蔵助の素顔』によると、大石家はもともと平安時代の鎮守府将軍藤原秀郷から出ているとある。その後、近江国栗太郡大石荘の領主として大石姓を名乗ることになったという。応仁の乱で廃家になろうとするときに、大石荘の領民が一族から格好な人物をさがして継がせることにしたが、四代あとに足利義昭に肩入れしたため織田信長に滅ぼされそうになった。そこで、仲大石、新大石、南大石と三家に分かれて廃家を防いだ。新大石家の流れを汲むのが内蔵助の祖父良勝であり、良勝は十四歳のときに僧侶になるよう命じられたが、そこを逃げ出し江戸に身を置いた。常陸笠間の城主であった浅野長重に仕え、大坂冬の陣で手柄を立て、千五百石で長重の家老となった出世頭だった。

長重の子長直が笠間から赤穂藩に移ったとき、良勝の子良欽(よしたか)もそれに従った。良雄（内蔵助の幼名）は、良欽の長男である。このころになると、大石家は婚姻関係によって有力者が生まれているが、高野の書によると、「良雄の母は備前岡山の池田家の家老の池田玄蕃由成の娘であり、良雄の妻は但馬豊岡藩の重臣の石束毎公(つねよし)の娘であるというふうに、陪臣階級のなかでの大石家は高い地位を誇っていた」とあるように、江戸時代の階級社会では上位に位置する家柄であった。婚姻関係によって登りつめた家系という見方もできる。

良雄は万治二(一六五九)年に赤穂で生まれた。前述の飯尾の書によると、幼年期のころのことはほとんどわかっていないといい、父の良欽の死以後の十五歳から初めて事歴のなかに出てくるという。家老職に就いて、内蔵助を名乗ることになった。当初は大叔父を後見として、家老職の見習いであった。二十一歳から自立して国家老となった。

赤穂浪士の討ち入り以後、内蔵助は庶民の間で伝説的な存在になっていくが、そこにはあまりにも多くの嘘や偽りがあるらしい。飯尾の書によると、内蔵助は備前池田家の家老の息子で、頭脳明晰を買われて赤穂家の家老の養子に入ったという話などまったくの虚構だという。

内蔵助は、事件のときは五十一歳になっていた。国家老としてはそれほど有能な人材ではなかったらしく、「昼行灯」という仇名がついていた。もっともこの語とて、ひとたび事が起これぱそれだけの仕事はやってのけるという意味をもっていたとの解釈もある。この時代の史家のひとりである三宅観瀾はその著（『烈士報讐録』）のなかで、内蔵助について「人となり和易簡樸、衿飾を喜ばず、国老に任ずと雖も事に預かること鮮し、而も内実剛潔にして忠慨を存し、最も族人に厚し」と書いている。一見凡庸に見えるが、その内面には秘めた闘志があるという見方だ。儒学や兵学を熱心に学んでいて、剣もまた人よりは秀れた腕をもっていたという。

「昼行灯」に起こった一大事

内蔵助は赤穂藩の他の者と同様に、江戸からの使者の伝言で事件を知った。江戸からの使者たちが次々と報告を伝えてきた。藩のなかはまったくの混乱状態になった。家老たちには、主君がなぜこのような行為に走ったのかがわからない。しかし、その理由よりも、とにかく主君がその怒りをぶつけた対手（あいて）の吉良上野介が生きているという事実が納得できなかった。主君は切腹を命じられたのに、これはどういうことか。この事実が赤穂藩をもっとも驚かせた。

一説では、この事件を聞いた内蔵助は「どうしたものか」と溜息をついたという。内蔵助は家老の大野九郎兵衛に相談するが、相手が困惑しているので明確な結論が出ない。このときも諸説があって、内蔵助が殉死を主張したという意見もあれば、あるいは「内蔵助の考え方は、上野介の処分と、浅野家の再興という二本立てで幕府に迫り、どちらも事がならなければ、最終的には吉良を討ち、同時に幕府の政道に厳しい批判をしてやろう、と心ひそかに決心していたように思われる」という飯尾の書のような見方もある。内蔵助が主君の仇を討とうと決意したのは、元禄十五（一七〇二）年六月に内匠頭の弟大学が広島の浅野本家へお預けになり、浅野家再興の道が断たれたときといわれているが、飯尾の書はそれに異議を唱えている。

私は、この飯尾の書が正しいのではないかと思う。「どうしたものか」という溜息は、困惑したのではなく、主君の仇討ちとの決意を口走ったと解釈できる。

浅野側の幕府への対応は決して巧みではない。もともと浅野内匠頭の吉良上野介への刃傷自体、その因を辿れば、世わたり下手から生じたと思われるし、浅野の純粋とはいえ政治的計算などまったくないところから起こったものだった。綱吉をはじめ幕府の老中などが浅野の純粋さを好意的に理解していたならば、その行為の動機に正当性を認めていただろう。しかし、その正当性をつかめなかった以上は、一定のルールに則ってきわめて合理的に処罰を下さざるをえない。浅野の切腹、弟大学の閉門、次いで予想されるのは浅野家改易であった。実際そのような処置が下された。そのため、赤穂藩の家老や武士など二百七十人余が浪人となっていく。

改易で城を幕府に明渡したあと、赤穂藩の藩札の整理など幾つかの残務整理が残った。これを内蔵助が巧みに処理した。たとえば藩札十両について六両で買い戻す策をとったとされる。ふつうこのような場合は五割が内規だったが、内蔵助はこの処置によってその手腕と恩情が評価されるようになった。さらに内蔵助は、「藩札を買いもどした残金で泉岳寺をはじめとする寺院への寄進、長矩未亡人の化粧料などを支払い、その残りを知行高相当に逓減（ていげん）の原則を併用した計算基準で家臣に分配した」（前出の高野の書）ので、藩内にはどのような異論も起こらなかったといわれている。

最終的に内蔵助は、殉死という行為も、籠城しての討ち死にも選択しなかった。殉死を避けたのは、前述のように復讐の決意をしていたからであり、籠城の策を選ばなかったのは、すでに藩札の整理を終えた段階でどれだけの同志が城に閉じ籠るか、まったく見通しがたたなかったからだ。現実的に考えれば、内蔵助のこうした判断は妥当だったといっていい。

花開いた危機管理能力

内蔵助は藩士全員に登城を求めて、その席で開城を伝えた。浅野本家としては、幕府の側から無抵抗開城を迫られている状況では、開城こそがもっとも刺激しない対応であり、相手方の吉良上野介が存命しているにせよ、このたびの事件に対して喧嘩両成敗の処置を望んだとしても、すでに認められる状況ではないと説いた。この間、内蔵助の書簡をもって江戸にむかったふたりの嘆願使が目付にその書簡をさしだす前、赤穂藩の江戸家老に相談してしまったので、開城を押しつけられたという経緯もあった。

内蔵助が藩士たちに無血開城の内幕をどのていど話したかは定かではないが、藩士たちの間に、「おめおめと上野介を生かしておくわけにはいかない」との決心が生まれたのは当然である。そしてこのときから、藩士たちの間に自らの信念にもとづいての仇討ちという計画が練り上げられていった。

藩内には、主君の仇討ちとは別の生き方をとり、自らの道を自らの信念で歩む者もいた。内蔵助の方針をめぐっては賛否があり、たとえば家老のひとりだった大野九郎兵衛のように、開城の前に逐電してしまい著しく評価を下げた者もいる。しかしそれとて具体的に調べてみれば、大石らの第一陣が失敗したときに備えて大野は別働隊として準備を進めていたのだから、決して卑怯な行動をとったわけではないという見方もある。これが事実か否かは今となってはわからないが、主君の仇を討つという当時の倫理がすべての赤穂浪士の行動の価値観になっていたのは事実であった。

江戸に詰めていた武士たちのなかにも、赤穂に戻って殉死や籠城を説いたものがいた。

元禄十四（一七〇一）年四月十九日、内蔵助は本丸の玄関脇で幕府からの収城使一行を迎え、「ここに本城を明けわたします」と口上を述べ、赤穂浅野家は断絶となった。表高五万石の浅野家は、慶長十六（一六一一）年に浅野長重が分家として大名に就いてから百年たらずのうちに歴史を閉じることになった。一連の断絶の事務はすべてが順調に進んだので、内蔵助の評価は高まった。

このあと内蔵助は、京都の山科に居を移した。内蔵助は殉死や籠城を阻止したので、残されていたのは、主君の仇を討つという一事であった。だが、それをさとられないようにするため、蟄居であるかのように表面上は装った。

内蔵助は藩士の主だった者には自らの計画を打ち明けたが、元禄十四年六月の段階で同志としての契りを結んでいたのは、およそ六十人ほどであった。彼等もまた大坂や京都に住んで、その日を期することになった。その一方で、内蔵助は主君の弟大学を担いで、浅野家再興を考え、その計画を具体化するための動きを強めた。元禄十五年に入ってからの、京都の紅灯の巷で遊蕩に身をやつす内蔵助の姿は実際は、吉良家や幕府に対して、仇討ちなど考えていないことを示すための偽装だったといわれている。その蔭で政治的な手は打っていた。

内蔵助のもとには、江戸に詰めていた藩士たちから「一刻も早く江戸に来て仇討ちを」という訴えがなんども届いた。彼らにはその計画を知らせていなかったので、とくに中山安兵衛のように、江戸詰の家老堀部弥兵衛の養子になった直情径行のこの士からは、「いかなることがあっても復讐を。そのためにあなたは江戸に出ていなければならない」といった内容の書簡が執拗に送られてきた。しかし内蔵助は隠忍自重の姿勢を崩さなかった。

早急に吉良家への討ち入りを主張する堀部などの江戸グループは、江戸家老の安井彦右衛門に談じ込むが、内蔵助はその性急さにいささか辟易していた。

内蔵助は、理詰めで考えた。浅野家再興か、主君の仇討ちか、そのふたつが成功するはずはなく、再興が可能ならば仇討ちは必要ない。仇討ちに踏みきれば再興はおぼつかない。そのための状況を冷静に見ていた。だから、すぐにでも仇討ちを考えていた性急なグループからは、なんとも歯がゆく見えて当然であった。

目に見えぬ大きな支援の存在

元禄十五（一七〇二）年三月十四日は、浅野長矩の一周忌にあたる。この法要を終えたあと、内蔵助は密かに吉良家やその本家である上杉家の動静をさぐるために、旧藩士のひとり神埼与五郎を江戸に送った。周知のように、与五郎がその途次に馬子と諍い(いさか)を起こし、詫状を書いたというエピソードがドラマでは大仰に語られている。

もうひとつふれておかねばならないのは、元禄十四年八月に吉良上野介が、江戸城付近の呉服橋からはるかに離れた墨東の本所松坂町へ屋敷変えになったことだ。この屋敷変えは高家の職を辞したいという上野介の要望が受けいれられたからだが、これは幕府の命令でもあった。これは「上野介を討ちたければどうぞ」という、赤穂の浪士たちへの意思表示とも解することができた。

幕府は事件後密かに事情を調べ、吉良上野介の不祥事やその評判を確かめたであろうし、その折に喧嘩両成敗の裁決を下さなかったことに自省が生まれたであろう。上野介を吉良家から引き離し、そのあとは上杉家が上野介を米沢に隠居させようとさせまいと好きにするがいいと判断したこと自体、両成敗の意思とも思えるのだ。

赤穂藩の江戸詰の藩士たちが内蔵助の決断は生ぬるいと判断したのは、こうした幕府の〝恩情〟をかぎとっていたからかもしれない。しかも江戸の武士の間では、「赤穂の武士はだらしがない。主君の仇も討てないのか」とか「本気で浅野家再興を考えているのか」といった揶揄する声があがっていた。

浅野家再興は、元禄十五年六月から七月にかけて、まったく可能性がなくなった。幕府は内蔵助が目付に届けた書状になんらの反応も示さなかったし、浅野家本家は分家の城中での刃傷沙汰に恐縮するばかりで、浅野分家の藩士たちとは一切関わりをもつまいとの姿勢を明らかにしていた。

事ここに至っては、内蔵助にはただひとつの道、仇討ちという復讐の道しかなかった。内蔵助に忠義を誓った六十人余の藩士のなかには、日が経つにつれ、新たな生活の道を確立したり、主君に対する批判などが生じたりして、仇討ちの感情が薄れていく者もいた。内蔵助自身は、仇討ちを自らに与えられた天命だと覚悟するようになり、その道をまっしぐらに進んだ。内蔵助は、この時代の最大のモラルである「主君への絶対的帰依」の感情は、政治的、社会的な関係から生じる政治技術などを凌駕するものだという覚悟を改めて確認した。

もしここで、この感情を忠実かつ具体的に形であらわさなかったら、自分は真の武士たりえない、祖先に対してどう申し開きができるのかと自らに覚悟を迫ったにちがいない。浪士たちにもその覚悟を迫った。

仇討ちへのカウントダウン

内蔵助が仇討ちを現実のものとするために江戸に入ったのは元禄十五（一七〇二）年十一月五日（他に説もある）であった。このとき内蔵助は息子主税（ちから）が変名を使って落ち着いていた日本橋石町の小山屋方の離れに、叔父と称して身を置いた。そして十日、江戸に来ている同志を集めて、仇討ちの手順について会議を開いた。実際この日が仇討ちのスタートになった日である。

内蔵助は側近だけを連れて泉岳寺や浅野家関係者の墓参を行うかたわら、実際の決行日をいつにするか打ち合わせをつづけた。何回かの会談で内蔵助は、上野介の予定、その屋敷の間取り、さらには上野介の屋敷の防備態勢など、すべて熟知しなければ決行にふみきれないと諭したのである。押し入って、返り討ちにでもあえば、その恥は末代にまで響くという引くに引けない事情があった。その意味では、大石は徹底したリアリストだった。

そして大石が何より恐れたのは、上野介が米沢城に引き取られ、隠居の身になるという風評であった。そうなればまったく手が出せない。決行日は……と焦っているとき、同志のひとりが茶の宗匠である山田家に出入りして様子をさぐり、十二月六日に上野介邸で茶会があることがわかった。それで決行を五日と定めた。しかし、この日の茶会は延期になっている。

十一月も終わりに近づくと、同志の間から新たな脱落者や逃亡者が出て、その数は減った。内蔵助が江戸に出てきたときに従っていた内蔵助の忠実な家来やその足軽なども姿を消し、時間が経てば経つほど仇討ちのエネルギーは失われていくことが明らかになった。そのために最終的な確認が必要になった。

内蔵助は日本橋石町の小山屋の離れにあって、メンバーの確認を行い、改めて「人の心の弱さ」を知った。仇討ちの情熱といえども、時間の経過とともに薄れていくことを知ったのである。内蔵助の覚悟は決まっていたが、同志たちの間に巣食っていく「大石様は本当に仇討ちを実行なさるつもりなのか」という不信感や疑問に答えるために、息子の主税を率先して仲間に加えていたが、むしろ主税が若い浪士の先導役となった。

十六歳の主税自身も、内蔵助の決心の保証であることを知っていた節がある。

深川八幡の料理屋で再度意思確認を行なっている（元禄十五年十二月二日）。すでに大坂、京都から江戸に出てきた元藩士たちは、それぞれ内蔵助の宿の近くに分宿してそのときを待った。身分が厳しく詮索された時代だったから、ある者は町人に、またある者は商人に化けていた。

十二月十日頃に、吉良邸で行われる茶会は十四日であることが幾つかの情報ルートで確認された。元藩士たち自身が情報を確認するルートを築きあげたといえるが、しかしその反面で、赤穂藩の藩士を有形無形に支援する組織や個人が情報を流していた節もあった。なぜなら幕府の役人や大名、旗本のなかに、赤穂の浪士たちの行く末を案じていると称して内蔵助などの動きをさぐり、それに呼応して、吉良家の茶会の正確な日程を流した者がいた節があるからだ。内蔵助はそうしたルートを間接的に使いながら——国学者荷田春満（かだのあずまろ）のルートもあったといわれている——十二月十四日を確定した。

一方、吉良家側も、赤穂の浪士が江戸に集まっていることを知っていた。本所の吉良邸は、上野介の使用人でさえ、その顔を知らなかったといわれるほど警戒が厳重で、上野介が外出する折も名を変え、服装も変え、駕籠のなかは窺えないようになっていた。吉良家側もスパイを放って赤穂浪士の動きを探っていたから、内蔵助などの江戸入りをつかんでいたとしても不思議ではないし、元浪士を懐柔して情報を聞き出すようなことはしていたであろう。

こうした状況を客観的に見るなら、十二月十四日の討ち入りは、幕府の目付なども承知のうえで実行させたことは充分考えられる。主君のために一身を犠牲にしてその仇討ちをする、というモラルは、幕府にとっては歓迎すべきことで、これによって各藩の大名の言動を一定程度牽制できることになるからだ。

当の内蔵助は、こうした幕府の意図を充分に知っていたという説もある。内蔵助の赤穂の菩提寺に宛てた書簡には、江戸ではわれわれの行動はなんら監視されていないという内容がそれを裏づけているというのだ。もっとも、これは偽書との説もある。こうした論争が起こること自体、「忠臣蔵」を国民の道徳規範に据えるプロセスの一環でもあった。

赤穂浪士の大義

十二月二日に、決行に参加する浪士たちの意思統一をはかったといわれるが、その第一条にはわれわれの行動は主君の仇を討つのが目的であり、われわれはその目的を心を違えず守り抜いた者たちであるとしている。次いで第二条では、上野介の首を討ちとった者であろうと、単に吉良家を包囲した者であろうと、その功はすべて平等だとしている。

第三条では戦功の自慢をしてはならないと戒め、第四条ではたとえ上野介を討ちとっても、その場にとどまることを約束している。逃げてはならないというのである。これは内蔵助の意によるものだが、内蔵助のもっともいわんとするところは次の点にあった。もし上野介の首をとって逃げてしまったら、単なる犯罪であり、われわれは闇夜で人を襲撃する夜盗と変わりない。大義はどこにあるのか。われわれの行為は犯罪ではない。仇討ちに成功したのだから、それでわれわれの目的は達している。その後の処置はすべて、しかるべき筋にゆだねる覚悟である。現実はこれとは異なる部分もあったが、それでも基本線はみごとに守られた。

十二月十三日の夜、内蔵助を先頭に四十七人の赤穂浪士は泉岳寺の浅野内匠頭長矩の墓前に詣でた。決行の成功を祈ってのことだ。それから小人数に分かれ、指定の場所に集まり、身支度を整えた。十四日の深夜からそれぞれ行動を起こし、十五日の午前四時を合図に吉良邸の表門と裏門から侵入している。表門と裏門を「火事だ」と叫んで開けさせようとしたが、開門しないためにそれぞれ計画通り梯子を使ったり、大槌で門扉を破って侵入した。

吉良邸に入った浪士の一隊は上野介をなかなか発見できなかった。それでも台所脇の物置小屋に隠れていた上野介を探し出し、主君に傷つけられた額や背中の傷を確認したうえで、発見者である間十次郎が首をはねた。四十七人のなかで傷ついた者はいたが、死亡した者はいなかった。首が吉良上野介であることを確認したうえでそれを守袋に添えて、浅野の墓に向かった。泉岳寺に向かう一団とは別に、自首を申し出るためにふたりが大目付邸に向かった。大目付からの報告はすぐに城内に届いて赤穂浪士の処置が定まった。

午前八時すぎに泉岳寺に着いた浪士たちは、上野介の首を供えて焼香している。その後、彼らは大名四家に預けられた。内蔵助ら十七人を預かった肥後熊本の細川家ではとくに彼らを優遇し、浪士たちを長期間預かりたいと申し出ている。こうした事実は彼らの行為が「武士の鑑」として賞賛されたことを意味している。四家に残されている赤穂浪士の日々の行動を記した記録は、むしろ好意的な記述ばかりともいう。

十二月二十三日に幕府の諮問を受けて評議書が出されている。吉良家に対して厳しい処分を提案している。吉良義周は、赤穂浪士と戦わずして逃げたという理由で切腹。その家来のなかで積極的に戦わなかった者は処罰。赤穂浪士の侵入を防げなかった上杉の改易も示唆している。その一方で赤穂浪士に対しては、「御条目の『文武忠孝に励み、礼儀を正しくすべし』には適合しているが、同じく条目の『徒党と誓約禁止』に抵触しているから、いましばらく時間をかけて裁決をくだす」（前出の高野の書）という意見が伝えられた。確かにこれでは赤穂浪士の側に甘すぎる。

この裏には、綱吉の思惑が働いていた。綱吉はこの仇討ちに内心共鳴し、その助命を考えていた。しかし綱吉は、公論は彼らの行為を認め、その主君を思う気持ちを認めているからこそ逆に切腹を与えるべきであると決断した。元禄十六年二月三日に、幕府の切腹という命令が浪士の預かり先である大名四家に伝えられた。そして四十七人は二月四日に切腹してその責任をとった。内蔵助はすでに遺言や辞世の歌を残しているとして、特別に言葉はなかった。同日、吉良義周の流謫が決まる。「忠臣蔵」のこうした経緯を追うなかで、もっとも重要なのは、内蔵助の心中にひそんでいた死生観である。

内蔵助は、主君の仇を討つという倫理規範をもっとも忠実にまもった。だが同時に、長子主税を参加させたにせよ、他の子供たちには自らの罪が及ばないようにあらかじめ養子に出したり、出家させるなどの手を打った。しかし、内蔵助の決行の五カ月前に生まれた三男の大三郎は、いちどは丹後国に養子に出されたが、十二歳のときに芸州広島の浅野本家に石高千五百石で迎えられた。内蔵助の実質的な後継者であった。十六歳のときに元服し、大三郎は良恭と名乗り、きわめて順調に出世して浅野本家の旗奉行となった。

だが良恭は、明和七（一七七〇）年に六十九歳で自決している。理由は定かではない。

自らの誕生の年に「忠臣蔵」は起こった。良恭にとって、自らの年齢はそのまま父・内蔵助、兄・主税の主君の仇討ちという忠君を証立てる「時間」であった。家督はすでに子、孫へと引き継がれ、内蔵助の遺志どおり大石家の血脈は守られている。その誇りを支えに、自らの身は内蔵助や主税の許に帰っていったのだろう。六十九年後に、父と兄に忠孝という名で殉じた良恭は、赤穂浪士「四十八人目」の義士だったと、私は思う。

文庫版あとがき

日本近現代史という分け方に従うならば、今年（二〇二三年）は明治維新から敗戦までの近代史が七七年、敗戦以降の現代史が七七年、二つの時代の枠組みが同じ期間ということになる。この同じ期間が全く異なる社会だったことも特徴である。例えば近代史は、軍事主導の時代であった。軍事が政治、経済、外交、社会、教育などを支配して、国民の生活はその枠組みの中にあった。ところが現代史はこれに反して非軍事が軸になっていて、社会全体に軍事へのアレルギーが広まっている状況と言ってよかった。

こうした相違をさらに具体的に見るならば、近代史では天皇は主権者であり、現代史では象徴天皇との位置づけをされた。天皇は軍事の最高責任者であり、神格化することにより、一切の批判を許さない存在であった。近代史のそのような存在が現代史では様変わりして人間天皇として「国民統合の象徴」の役割を担うことになった。国民について見てみると、近代史では臣民であり、現代史では市民としての基本的権利を保証されている。近代史と現代史の性格は、この国がどのような体験をしようともそれをたちまちに消化してしまう社会であることを物語っている。

こういう相違を踏まえながら、それぞれの時代に自らの主張や見解が時代と折り合いがつかない場合、人はどのような態度をとるか、あるいはいかなる行動に出るか、それを反逆者、あるいは時代への異議申し立てと見て、検証してみようというのが本書の狙いである。そのように考えて調べていくと、現代史より近代史、近代史よりも江戸期の方が、私のいう反逆者に該当する人物が多いことに気がつくのである。これはどういうことを意味するのか。

私の見るところ、二つの理由があるように思う。ひとつは現代より近代、近代より江戸期のほうが社会の空気が極めて一元的だったという意味になるであろう。もうひとつは、人間の性格が江戸期の方が信念が強いということである。近代、現代と歴史が進むにつれ、信念の強さが薄れていき、反逆者の精神そのものが社会で中和されていくようになったと言えるのではないだろうか。二〇世紀が終わる頃に、できれば近代史の中から、そして現代史の側から誰が見ても反逆者たりえようとした人物を探して見たのだが、結局は一〇人の人々を見つけることはできなかった。そのことが前述の二つの理由をあげる所以でもある。
ところが江戸時代に目を移すと、大塩平八郎や高野長英などすぐに何人かの名はあげることができるのである。私は本書にあげた人物がいずれも魅力に富んだ人物であり、信念の強さ、意思の強固さ、そして行為の揺るぎなさ、に彼らをして歴史に名を残すことになったのだろうと思う。

これは私の想像になるのだが、彼らには共通して眼光の鋭さがあったように思う。むろん常にというわけではない。自らの信念を語るときに、そして意思を披瀝していくときに、眼光が穏やかであるはずがない。西郷隆盛が私学校の生徒を動かすに至るのも、大塩が八〇〇人近くの幕吏や農民を動かしたときも、いや宮崎滔天が孫文とともに中国人の一団に革命理論を説く時もその目は光を発していたであろう。

私たちは歴史が人で動くことを知っている。それが反逆の眼光で動くことまではなかなか理解できないのだが、具体的に史実を確かめていくと、そのことがわかってくる。あえていうなら、〈反逆という行動の質と量は眼光の鋭さによって決まる〉という言い方ができるのかもしれない。時代が進むにつれ、反逆の行動が見えなくなってくるというのは、近現代人は反逆の精神を必要としないからということもできるのでるのであろう。

あろう。怒りや不満を吸収する社会的機能が相応に整っているからということも言え

　反逆のエネルギーが、現代史の上から消えたのはいつからであろうか。私の見るところ、かつて青年層の怒りが一定の時間を経て周期的に爆発するのにはまるで法則があるような時代があった。

　しかし全共闘運動が過激化し、さらにあさま山荘事件での武装闘争や仲間内でのリンチ殺人事件などにより、これらの運動は自己崩壊していった。

　そしてこうした形の反逆は、社会悪としての評価のもと、歴史からは消えていった。その後はオウム事件のような反逆のスタイルもあった。野心家の青年の説くオカルト理論により、都心でサリンが撒かれたのだが、これも殺人事件として幹部や決行者は死刑になっている。

　反逆の行為は法体系に触れるわけだが、それも社会や歴史に多大な迷惑を与える場合とやむを得ざる場合とがあるように思うが、後者の場合が少なくなっているのは、それだけ人々の怒りが肥大化していないからだと考えられる。その理由を私たちは改めて検証することが大切なのであろう。

二一世紀を迎えるにあたり、どのような人物を語り継ぐべきかを考えての書を上梓したいと思って本書を書き進めた。ここに取り上げた一〇人の全ての人物に納得、共鳴しているわけではないが、何かしら歴史には貢献した人物だとは思う。むろん現代史の視点で書いているから、人物に光を当てるときに私とは異なる見方の人々もいるであろうと思う。それを承知で読んでいただければ幸いである。

本書を再度文庫版として世に送り出してくれることになった文庫編集部の青木真次氏に感謝したい。さらにご協力いただいた各氏に謝意を表したい。ありがとうございました。

二〇二二年二月二六日

保阪正康

この作品は、二〇〇〇年十一月にティビーエス・ブリタニカより『反逆者たち』の書名で刊行され、二〇〇三年九月にＰＨＰ文庫より『時代に挑んだ反逆者たち』の書名で文庫化された。

それからの海舟　半藤一利
江戸城明け渡しの大仕事以後も旧幕臣の生活を支え、徳川家の名誉回復を果たすため新旧相撃つ明治を生き抜いた勝海舟の後半生。（阿川弘之）

荷風さんの昭和　半藤一利
破滅へと向かう昭和前期。永井荷風は驚くべき適確さで世間の不穏な風を読み取っていた。時代風景の中に文豪の日常を描出した傑作。（吉野俊彦）

昭和史探索1　半藤一利編著
「大正」の重い遺産を負いつつ、昭和天皇は即位する。金融恐慌、東方会議（昭和二年）、張作霖爆殺事件（三年）、濱口雄幸内閣の船出（四年）まで。

昭和史探索2　半藤一利編著
ロンドン海軍軍縮条約、統帥権干犯問題、五・一五事件、満州国建国、国際連盟の脱退など、戦争への道すじが顕わになる昭和五年から八年を探索する。

昭和史探索3　半藤一利編著
通称「陸パン」と呼ばれる「陸軍パンフレット」の波紋、天皇機関説問題、そして二・二六事件——昭和九年から十一年は、まさに激動の年月であった。

昭和史探索4　半藤一利編著
「腹切り問答」による広田内閣総辞職、国家総動員法の成立、ノモンハン事件など戦線拡大……。昭和十二年から十四年は、戦時体制の確立期と言えよう。

昭和史探索5　半藤一利編著
天皇の憂慮も空しく三国同盟が締結され、必死の和平工作も功を奏さず、遂に「真珠湾の日」を迎えることとなった、昭和十五—十六年を詳細に追究する。

昭和史探索6　半藤一利編著
運命を分けたミッドウエーの海戦、ガダルカナルの激闘、レイテ島、沖縄戦……戦闘記録を中心に太平洋戦争の実態を探索するシリーズ完結篇。

昭和史残日録　1926—45　半藤一利
昭和天皇即位から敗戦まで……激動の歴史の中で飛び出した名言・珍言。その背景のエピソードと記憶すべき日付を集大成した日めくり昭和史。

蔣介石を救った帝国軍人　野嶋剛
宿敵同士がなぜ手を結んだか。膨大な蔣介石日記、生存者の証言と台湾軍上層部の肉声を集めた。敗戦国軍人の思い、蔣介石の真意とは。（保阪正康）

もうひとつの天皇家 伏見宮　浅見雅男

戦後に皇籍を離脱した11の宮家——その全ての源流となった「伏見宮家」とは一体どのような存在だったのか？　天皇・皇室研究には必携の一冊。

民間軍事会社の内幕　菅原出

戦争の「民間委託」はどうなっているのか。イラク戦争以降、急速に進んだ新ビジネスの実態を、各企業や米軍関係者への取材をもとに描く。

戦争と新聞　鈴木健二

明治の台湾出兵から太平洋戦争、湾岸戦争まで、新聞は戦争をどう伝えたか。多くの実例から、報道が孕む矛盾と果たすべき役割を考察。（佐藤卓己）

広島第二県女二年西組　関千枝子

8月6日、級友たちは勤労動員先で被爆した。突然に逝った39名それぞれの足跡をたどり、彼女らの生を鮮やかに切り取った鎮魂の書。（山中恒）

責任 ラバウルの将軍今村均　角田房子

ラバウルの軍司令官・今村均。軍部内の複雑な関係、戦地、そして戦犯としての服役。戦争の時代を生きた人間の苦悩を描き出す。（保阪正康）

一死、大罪を謝す 陸軍大臣阿南惟幾　角田房子

日本敗戦の八月一五日、自決を遂げた時の陸軍大臣。本土決戦を叫ぶ陸軍をまとめ、戦争終結に至るまでの息詰まるドラマと、軍人の姿を描く。（澤地久枝）

同日同刻　山田風太郎

太平洋戦争中、人々は何を考えどう行動していたのか。敵味方の指導者、軍人、兵士、民衆の姿を膨大な資料を基に再現。（高井有一）

軍事学入門　別宮暖朗

「開戦法規」や「戦争（作戦）計画」、「動員とは何か」、「勝敗の決まり方」など〝軍事の常識〟を史実に沿って解き明かす。（住川碧）

日本海海戦の深層　別宮暖朗

連合艦隊の勝利は高性能の兵器と近代砲術の組み合わせによる。『坂の上の雲』では分からない全体像をハードとソフトの両面で再現し、検証する。

島津家の戦争　米窪明美

薩摩藩の私領・都城島津家に残された日誌を丹念に読み解き、幕末・明治の日本を動かした最強武士団の実像に迫る。薩摩から見たもう一つの日本史。

戦場カメラマン　石川文洋
米兵が頭を撃ち抜かれ、解放軍兵士が吹き飛ぶ。祖国を守るため、自由を得るため、差別や貧困から脱するため、戦う兵士。破壊される農村。（藤原聡）

東京骨灰紀行　小沢信男
両国、谷中、千住……アスファルトの下、累々と埋もれる無数の骨灰をめぐり、忘れられた江戸・東京の記憶を掘り起こす鎮魂行。（黒川創）

聞書き　遊廓成駒屋　神崎宣武
名古屋中村遊廓跡で出くわした建物取壊し。そこから著者の遊廓をめぐる探訪が始まる。女たちの隠された歴史が問いかけるものとは。（井上理津子）

アイヌの世界に生きる　茅辺かのう
アイヌの養母に育てられた開拓農民の子が大切に覚えてきた、言葉、暮らし。明治末から昭和の時代をアイヌの人々と生き抜いてきた軌跡。（本田優子）

沖縄と私と娼婦　佐木隆三
アメリカ統治下の沖縄。ベトナム戦争が激化するなか、米兵相手に生きる風俗街の女たちの姿をヒリヒリと肌を刺す筆致で描いた傑作ルポ。（藤井誠二）

武士の娘　杉本鉞子　大岩美代訳
明治維新期に越後の家に生れ、厳格なしつけと礼儀作法を身につけた少女が開化期の息吹にふれて渡米、近代的女性となるまでの傑作自伝。

日本の気配　増補版　武田砂鉄
「個人が物申せば社会の輪郭はボヤけない」。最新の出来事にも、解決されていない事件にも粘り強く憤る。その後の展開を大幅に増補。（中島京子）

誘拐　本田靖春
戦後最大の誘拐事件。残された被害者家族の絶望、犯人を生んだ貧困、刑事達の執念を描くノンフィクションの金字塔！（佐野眞一）

疵　本田靖春
戦後の渋谷を制覇したインテリヤクザ安藤組の大幹部、力道山よりも喧嘩が強いといわれた男……。伝説に彩られた男の実像を追う。（野村進）

富岡日記　和田英
ついに世界遺産登録。明治政府の威信を懸けた官営模範器械製糸場たる富岡製糸場。その工女となった「武士の娘」の貴重な記録。（斎藤美奈子／今井幹夫）

ちくま文庫

時代の反逆者たち

二〇二二年四月十日　第一刷発行

著　者　保阪正康（ほさか・まさやす）
発行者　喜入冬子
発行所　株式会社　筑摩書房
東京都台東区蔵前二―五―三　〒一一一―八七五五
電話番号　〇三―五六八七―二六〇一（代表）
装幀者　安野光雅
印刷所　中央精版印刷株式会社
製本所　中央精版印刷株式会社

ISBN978-4-480-43811-9 C0121